中国道路 与 世界之问

总主编·陈　晋

中国是怎样一路走来的

刘志新 ◎ 著

图书在版编目（CIP）数据

中国是怎样一路走来的 / 刘志新著．-- 北京：
五洲传播出版社，2022.12

（"中国道路与世界之问"丛书 / 陈晋总主编）

ISBN 978-7-5085-4871-5

Ⅰ．①中… Ⅱ．①刘… Ⅲ．①中国特色社会主义－社
会主义建设模式－研究 Ⅳ．① D616

中国版本图书馆 CIP 数据核字 (2022) 第 189087 号

"中国道路与世界之问"丛书

| 总 主 编： | 陈 晋 |
| 出 版 人： | 关 宏 |

中国是怎样一路走来的

著　　　者：	刘志新
责任编辑：	秦慧敏
装帧设计：	北京青心见画文化艺术有限责任公司
图片提供：	新华社　中新社　视觉中国
出版发行：	五洲传播出版社
地　　　址：	北京市海淀区北三环中路 31 号生产力大楼 B 座 6 层
邮　　　编：	100088
发行电话：	010-82005927，010-82007837
网　　　址：	http://www.cicc.org.cn　http://www.thatsbooks.com
承　　　印：	中煤（北京）印务有限公司
版　　　次：	2023 年 1 月第 1 版第 1 次印刷
开　　　本：	787mm×1092mm　1/16
印　　　张：	12
字　　　数：	120 千字
定　　　价：	58.00 元

目录

第一章 王朝嬗变——东方文明古国的成长之路

- 中华民族肇始...13
- 尧舜禹"禅让"...15
- "家天下"...16
- 成汤伐桀...17
- 武王伐纣...19
- 烽火戏诸侯...20
- 春秋五霸...22
- 战国七雄...24
- 天下归一...27
- 楚汉之争...30
- 丝绸之路...31
- 光武中兴...34
- 三国鼎立...35
- 大唐盛世...36
- 黄袍加身...38
- 重归一统...40
- 最后的帝国...41
- 文明古国...42

第二章　黎明徘徊——近代中国的黑暗与屈辱

- 鸦片战争 …45
- 第二次鸦片战争 …47
- 火烧圆明园 …48
- 不败而败的战争 …51
- 甲午之耻 …52
- 瓜分狂潮 …54
- 八国联军侵华 …55
- 农民阶级的太平天国运动 …57
- 地主阶级洋务派的洋务运动 …58
- 资产阶级维新派的维新运动 …61
- 资产阶级革命派的辛亥革命 …63

第三章　英雄赞歌——争取自由与解放的斗争

- 新文化运动 …69
- 五四爱国运动 …71
- 走上马克思主义道路 …73
- 中国共产党诞生 …75
- 第一次国共合作的实现 …77

- 国民大革命的高潮与失败 ...79
- 中国革命新道路的开辟 ...81
- 民族危亡 ...84
- 结成广泛的抗日民族统一战线 ...86
- 全民族抗日战争的胜利 ...88
- 十字路口的徘徊 ...91
- 全面内战和人民解放战争的胜利 ...93
- 中华人民共和国的成立 ...94

第四章 涅槃重生——新中国的成立与社会主义制度的建立

- 新生政权的巩固 ...99
- 抗美援朝 ...102
- 向社会主义过渡 ...104
- 奠定中国工业基础的"一五"计划 ...106
- 社会主义制度的建立 ...108
- 社会主义建设的曲折 ...109
- "文化大革命" ...112
- 中国外交新局面的打开 ...115

第五章　改革开放——决定中国命运的关键一招

- 真理标准问题的讨论 ...121
- 中共十一届三中全会 ...122
- 四项基本原则 ...125
- 迈出改革的第一步 ...127
- 打开对外开放的大门 ...129
- 小康社会的提出 ...134
- 外交政策的调整 ...136
- 社会主义初级阶段 ...138
- 一国两制 ...139
- 邓小平南方谈话 ...142
- 社会主义市场经济 ...144
- "九二共识" ...146
- 加入世界贸易组织 ...147
- 推动科学发展 ...150
- 圆梦奥运 ...153

第六章　重铸梦想——迈向民族复兴的新时代

- 中国特色社会主义进入新时代 ...159
- 提出民族复兴的中国梦 ...162
- 改变中国面貌的"八项规定" ...165
- 把改革开放继续推向前进 ...167
- 治国理政的"四个全面"战略布局 ...170
- 努力践行新发展理念 ...171
- 引领经济新常态 ...175
- 建设美丽中国 ...179
- 构建人类命运共同体 ...181
- 打赢疫情防控阻击战 ...183
- 决战脱贫攻坚 ...186
- 决胜全面建成小康社会 ...188
- 以中国式现代化全面推进中华民族伟大复兴 ...190

第一章
王朝嬗变
——东方文明古国的成长之路

作为世界闻名的"四大文明古国"之一，中国在境内两条横贯东西的水系——黄河和长江的滋润下，绵延5000余年，创造了博大精深的文化，在很长一段时间引领了世界发展，为人类文明进步作出了不可磨灭的贡献。中国历史源远流长，历经几十个王朝的统治。"三皇五帝始，尧舜禹相传。夏商与西周，东周分两段。春秋和战国，一统秦两汉。三分魏蜀吴，两晋前后延。南北朝并立，隋唐五代传。宋元明清后，皇朝至此完。"这首朗朗上口的朝代歌，将古代中国的王朝更替形象地展现出来。了解中国的历史，可以先从了解中国古代王朝的更替开始。

中华民族肇始

中国历史悠久,是人类的发祥地之一。早在170多万年前,远古的人类就在这片美丽的土地上劳动、生息。根据考古学发现,在中国很多地方,都有原始人类生活的遗迹,其中比较著名的有在北京周口店发现的"北京猿人",在陕西蓝田发现的"蓝田猿人",在云南元谋发现的"元谋猿人"。这是中国原始社会早期的人类,是中国人的远古祖先。

与世界上其他文明一样,中国的先民在蒙昧状态缓慢地发展着。由于时间久远,后世对那时人们的生活场景记录不多。当时间来到距今约5000年时,中国进入了传说中的"三皇五帝"时代。中国民间的"女娲补天""神农尝百草""黄帝战蚩尤"等神话传说,都是对当时社会状况的生动反映。

这一时期最重要的事件是在炎帝、黄帝大战蚩尤的过程中,以黄河流域为中心的各个部落逐渐融合,形成了中华民族。

约公元前27世纪时,在黄河中游一带,分布着大大小小的原始部落,其中以三个部落最为强大:一个是神农氏的后裔,酋长为炎帝;一个是强悍善战的九黎部落,酋长蚩尤,他的兄弟都是

炎帝和黄帝被看作是中华民族的始祖,因此后世中国人也被称为"炎黄子孙"。图为位于陕西黄陵县的黄帝陵。

万夫莫当的勇士,附近部落都臣服在他的控制之下;另一个是有熊部落,酋长姬轩辕,也即黄帝,他充满智慧,集政治家、科学家、军事家于一身。

三个部落之间经常战斗。一次,蚩尤率领九黎部落和炎帝及所属在一个叫涿鹿的地方开战。炎帝不敌,向黄帝求助。随后,炎黄联军与蚩尤在涿鹿大战,这是中国历史上最早和最有名的大战之一。

关于这一战,中国民间流传着一个传说:两军胶着,不分胜负。蚩尤制造出滚滚浓雾,三日三夜不散,炎黄联军的士兵都迷失了方向。于是,黄帝发明了指南车,凭借它在浓雾之中辨识道路。蚩尤又向风神雨神求援,刮起狂风、降下大雨,霎时间大地上波浪滔天,一片汪洋。黄帝也施展法力,召唤女神旱魃助阵。旱魃是传说中的旱神,所到之处,连一滴雨都不会有,往往一连大旱三年,赤地千里,所有生物全部干渴而死。她一出现,风神雨神就狼狈逃走了,霎时间风停雨住,大水消失,泥泞干涸。炎黄联军乘机反攻,蚩尤大败。

涿鹿大战后,黄帝部落和炎帝部落之间又进行了几次大战,最终黄帝部落取胜。后来,其他部落也纷纷归附黄帝。随后,黄帝以有熊为都城称帝。

在这一过程中,各个部落逐渐融合,形成了中华民族。炎帝和黄帝被看作是中华民族的始祖,因此后世中国人也被称为"炎黄子孙"。

尧舜禹"禅让"

黄帝以后,是尧、舜、禹的时代。尧、舜、禹是中国远古社会末期三位部落联盟首领,在中国历史上以贤明著称,关于他们"禅让"的故事,每个中国人都耳熟能详。

尧帝是黄帝的后代，在成为部落联盟首领后，他和大家一样住茅草屋，吃糙米饭，煮野菜作汤，夏天披件粗麻衣，冬天只加块鹿皮御寒，衣服、鞋子不到破烂不堪绝不更换。大家都拥护他，如爱"父母日月"一般。他年老后，准备解决继承人的问题。有人推荐尧的儿子继位，但尧认为其德行不足以服众，于是决定召开部落联盟会议共同商讨。在会上大家都推荐舜，认为他德才兼备。因此，尧帝决定将帝位"禅让"给舜，并将自己的两个女儿嫁给了他。

舜上任后，与大家一起亲自劳作，深受大家爱戴。他在位期间，完善了社会管理制度，部落联盟各方面都得到了较大发展。舜帝年老后，也仿照尧帝召开继位人选会议。通过讨论，大家推举治水有功的禹来做继承人。晚年的舜帝虽然身体大不如前，但是依旧到各地巡视，不幸病死在途中。随后，禹做了部落联盟的首领。

禹在担任首领的时候，为了治理泛滥的洪水，身体力行、公而忘私，"三过家门而不入"，经过十几年的艰苦斗争，疏通、开凿了无数条河床渠道，将洪水引入大海，终于消除了水患，在后世留下了"大禹治水"的传说。

尧舜禹"禅让"的历史传说，反映了原始公社的民主制度。

"家天下"

在禹担任首领的末期，"禅让制"被终结。

按照惯例，禹在决定继位人时，也召开了部落联盟会议，大家一致推选出了皋陶继任。但不幸的是，皋陶还未继位便去世了。于是大家又推举伯益做继位人。

伯益是个很有才能的人。舜帝在位时，想开垦土地，建设村落，伯益建议用火烧掉一大片山林，赶走野兽，开辟了大块农田。在禹治水的时候，伯益跟着他跋山涉水，疏通河道。他时常在河湖附近深挖土层，发现地下也有水，后来到平地挖掘，也能挖出水来。这样，他总结了一条规律：地下有水，可以利用。"伯益作井"的传说就留下来了。

伯益被推举为继位人后，禹就让他主持部落联盟的事务，这引起了禹的儿子启的不满。在禹多年的执政过程中，通过战争获得了很多奴隶和财富，他的儿子启的势力也随之不断增强。启看到父亲担任部落联盟首领后，生活富裕并很有权势，因而就想继承这一职位。

禹去世后，启便杀死了部落会议推举的继承人伯益，夺取了帝位，建立了夏王朝。从此以后，帝王把国家当作一家的私产，王位开始世代相传。这样，"世袭制"取代了"禅让制"，"公天下"变成了"家天下"。中国开始进入奴隶社会。

成汤伐桀

夏王朝从禹开始，共有400多年的历史，是中国第一个奴隶制王朝。夏王朝的奴隶主贵族过着骄奢淫逸的生活，传说夏启整天沉迷于饮酒、打猎和歌舞中；他的儿子太康更是荒淫无度，有一次竟然接连几个月在外游猎，不理国事，把王位都丢掉了。

夏朝末年，社会矛盾更加尖锐。夏朝最后一位帝王夏桀在位时，暴虐无道、荒淫无耻、横征暴敛，把老百姓压榨到了极点。

他强迫奴隶为他建造漂亮的房屋，用肉堆成小山，用酒造成池塘，以为这样才够快乐；他用严厉的刑法，逼着奴隶们从事繁重的劳役，对奴隶进行残酷的剥削。人们都恨透了他，经常咒骂他说："你哪一天死啊！我们情愿跟你一同灭亡！"

夏桀手下有个叫关龙逄的臣子，听到老百姓的愤怒声音，觉得大事不妙，便对桀进行劝告，要他节省用度，不然就危险了。夏桀不但不听，反而把关龙逄杀了。夏桀以为他的统治永远不会灭亡。他说："天上有太阳，正像我统治着老百姓一样。太阳会灭亡吗？太阳灭亡，我才灭亡。"夏桀的这种做法，招致了各部落对他的不满，为他的灭亡埋下了伏笔。

与夏王朝逐渐没落相反，此时处于黄河下游的一个叫作商的部落正在逐渐崛起。商部落此时的首领名叫成汤，他是一个非常贤明的君主。在他的带领下，商部落的农业、畜牧业、手工业都有了很大的发展，经济实力已经超过了夏王朝。面对夏桀的残暴统治，成汤决定用武力进行反抗。成汤任用伊尹为相，提拔了一批出身低微但很有才干的人，相继征服了夏朝周围几个附属国，使夏桀陷入了孤立的境地。

后来，成汤在伊尹的建议下，停止了对夏王朝的纳贡。夏桀大怒，召集部属在一个叫有仍的地方会盟，商讨镇压成汤。但是，各部属都对夏桀的残暴统治非常不满，不但没有听他的指挥，反而在一个名叫有缗氏的人的带领下纷纷起来反对他。

成汤见灭夏的时机已经成熟，于是立即起兵向夏朝进攻。成汤的军队和夏桀的军队在鸣条大战，夏桀大败逃走，最后死于亭山。夏朝灭亡。

公元前1600年，成汤建立商朝，定都于亳。

武王伐纣

商朝建立后,实行残酷的奴隶制统治。奴隶主贵族凭借手中掌握的权力,对奴隶进行残酷的剥削和压迫。他们把奴隶当作牲畜一样赏赐和屠杀,在祭祀鬼神和祖先时,经常用奴隶作为牺牲品,有时一次竟能屠杀上千人。奴隶主贵族死后,也要杀死大量奴隶去殉葬。这种血淋淋的阶级压迫,引起了奴隶的强烈反抗。奴隶们经常以逃亡和暴动的方式进行反抗斗争,这导致当时阶级矛盾的尖锐化。

到商纣王统治的时候,这种矛盾更加激烈了。商纣王是中国历史上有名的暴君,为了满足自己的私欲,他耗费大量人力、物力、财力,建造了许多华丽的宫室和宏伟的鹿台;为了惩罚那些反对他的人,他发明和使用了很多的酷刑;他还轻信宠妃妲己的谗言,朝政一片混乱。他下令在沙丘平台用酒装满池子,把各种动物的肉割成一大块一大块挂在树林里,建造所谓的"酒池肉林",以便一边游玩,一边随意吃喝。商纣王的荒淫无度加重了人民的负担,引起了全国上下的一片反对之声,各附属国纷纷起来反抗他的残暴统治。

周武王就是在这种形势下,打起了"伐纣"的旗帜。周是商朝的一个附属国,位于岐山附近。周国经过太王、王季等人的治理,逐渐强盛。到周文王姬昌时,日渐强大的周成了商王朝的心腹大患。为了限制周的发展,商纣王一度囚禁姬昌于羑里。后来,周人以宝马、美女贿赂商纣王,求得释放姬昌。

姬昌归国后,一方面倡导发展生产,制定法律,大肆搜捕逃亡奴隶,防止劳动人口流失,增强周族实力,使周国附近一些部落归附;另一方面进行武力扩张,积极准备伐商。

周文王去世后，他的儿子周武王姬发继承其遗志，重用姜尚等贤人，联合反对商朝的小国，开启了伐纣之旅。

周武王亲自率领兵车300辆，虎贲3000人，甲士4.5万人，东进伐纣。商纣王闻讯非常惊慌。这时商朝的主要兵力正在东南战场全力征伐东夷，一时调不回来。于是，他把大批奴隶和从东夷捉来的战俘武装起来，开赴前线。两军在距离商朝都城朝歌70里的牧野摆开了战场。

商纣王把由奴隶组成的大军摆在前面，要他们与周军先战，把"正规军"摆在后面督战。可是两军刚一接触，商军前阵的奴隶兵就纷纷倒戈，加入了周武王的军队，商军顿时大乱。周武王指挥周军乘势前进，攻占朝歌。商纣王自焚而死，商朝就此灭亡。

烽火戏诸侯

周武王消灭商王朝后，建立起周朝，将都城设立在镐京，这就是中国历史上的西周王朝。西周王朝为巩固自己的统治，在政治上实行"分封制"和"宗法制"，在经济上实行"井田制"。在这样的制度安排下，西周前期国力日渐强盛。但是，它也没有摆脱衰落的命运。

西周末年，周王室所处的关中一带发生大地震，加上连年旱灾，民众饥寒交迫、四处流亡，社会动荡不安，国力衰竭。而当时在位的周幽王是个荒淫无道的昏君，他不思挽救周朝于危亡、奋发图强，反而重用佞臣，对内盘剥百姓导致民怨沸腾，对外攻伐西戎而大败。

后周幽王攻打褒国，褒国兵败，献出美女褒姒乞降。周幽王自得褒姒以后，十分宠幸她。褒姒虽然有绝佳姿色，但是却冷若冰霜，自进宫以来从来没有笑过一次。周幽王为了博得褒姒的开心一笑，想尽一切办法，甚至不惜悬赏求计：谁能引得褒姒一笑，赏金千两。

这时有个佞臣叫虢石父，替周幽王想了一个主意，提议用烽火台一试。烽火本是中国古代敌寇侵犯时的紧急军事报警信号。西周为了防备当时主要敌人——犬戎的侵扰，在镐京附近的骊山一带修筑了20多座烽火台，一旦犬戎进袭，首先发现的哨兵就会立刻在台上点燃烽火，邻近烽火台也会相继点火，向附近的诸侯报警。诸侯见了烽火，知道京城告急，天子有难，必须起兵勤王，赶来救驾。虢石父的计策就是点起烽火，招引诸侯白跑一趟，以此逗引褒姒发笑。

昏庸的周幽王采纳了虢石父的建议，马上带着褒姒，登上了骊山烽火台，命令守兵点燃烽火。一时间，狼烟四起，烽火冲天，各地诸侯一见警报，以为犬戎打过来了，果然带领本部兵马急速赶来救驾。但他们到了骊山脚下，却连一个犬戎兵的影儿也没有见到，只看到周幽王和褒姒高坐台上饮酒作乐。诸侯们得知自己被戏弄，纷纷怀怨而回。褒姒见千军万马召之即来，挥之即去，如同儿戏一般，觉得十分好玩，禁不住嫣然一笑。周幽王大喜，立刻赏虢石父千金。此后，周幽王连番数次用烽火戏弄诸侯们。最后，诸侯们看到烽火，也不再来了。

周幽王为进一步讨褒姒欢心，册封褒姒为后，废黜王后申氏和太子，并下令废去王后的父亲申侯的爵位，还准备出兵攻伐他。申侯得到这个消息，先发制人，联合犬戎部落进攻镐京。周幽王听到犬戎进攻的消息后，惊慌失措，急忙命令烽火台点燃烽火。但是，诸侯们因为多次被愚弄，这次都没有赶来。

镐京告破，犬戎兵马蜂拥入城，周幽王带着褒姒仓皇从后门逃出，在奔往骊山的途中，被犬戎部队击杀，西周宣告灭亡。

犬戎退走后，原来的太子姬宜臼即位，是为周平王。因镐京已遭战争破坏，周平王于公元前770年迁都到镐京以东的洛邑。东迁后的周朝，在中国历史上被称为东周。

春秋五霸

东周虽然建立，但是由于王室的衰微和诸侯实力的增强，周天子对各诸侯逐渐失去控制，周王朝逐渐湮没在历史的长河中。在中国历史上，东周大体被分成春秋和战国两个时期。

春秋是指公元前770年至公元前476年的中国历史时期。这一时期各诸侯国互相攻伐，战火不断、烽烟四起，经过不断的兼并战争，140余个诸侯国后来只剩下几个实力较强的大国。中国历史上将先后称霸的五个诸侯称为"春秋五霸"。

春秋时期第一位霸主是齐桓公。齐桓公是中国东部的大国——齐国的君主。他即位后，任用贤明的管仲为相，进行政治、经济、军事等一系列改革，使齐国的实力逐渐强大起来，为称霸大业打下了良好基础。但是，在中国古代，对外进行争霸战争是要有合理的理由的，如果理由不充分，就是"师出无名"，这是没有"道义"的表现，会被天下人耻笑和反对。而此时的周王室，正面临着西戎部落的威胁，这给了齐桓公一个莫大的良机，因为出师攻打"夷狄"、解救受困的王室，这是最正当的理由。因此，在管仲的建议下，齐桓公打出"尊王攘夷"的口号，开始了争霸大业。他先是率兵击退西戎的进攻，又联合鲁、宋等八国之师破蔡伐楚，阻止了楚对周王室的侵扰。由此，齐桓公的威信大增。公元前651年，他大会诸侯于葵丘，订立盟约，成为中原的第一个霸主。

齐桓公之后，称霸的是晋文公。齐国衰落后，晋国和楚国国力强盛，开始相互争霸。起初，晋国内乱，公子重耳出逃。他到了楚国时，楚成王热情招待他。闲谈中，成王问他："你将来若回到晋国做国君，如何来酬谢我？"重耳说："像财宝这些东西，你们楚国均有的，如果我真能得返晋国，做了晋君，若我们两国不幸要打仗的话，那我就退避你三舍。"后来，重耳在秦国的帮助下，果真回到了晋国，做了国君，史称晋文公。公元前632年，晋楚两军对峙于城濮。晋文公明面上遵守诺言，将部队后退90里地，"退避三舍"以报答以前楚成王给予的礼遇，实际上是采取诱敌之计，诱骗楚军深入。楚军果然上当，孤军深入，陷进重围，全部被歼。城濮之战后，各诸侯国纷纷归附晋国。随后，晋文公在践土与各诸侯会盟。周天子策命晋文公为"侯伯"（诸侯之长），并赐给晋文公代表周王室行使征伐大权的"尚方宝剑"。晋文公由此成为中原的霸主。

在齐国称霸时，楚国因受齐国抑制而停止北进，转而向东吞并了些小国，国力强盛。齐国衰落后，楚国便向北扩张与晋国争霸。公元前597年，楚庄王率军在邲地与晋军大战，打败晋军。中原各国背晋向楚。楚庄王又成为中原霸主。

晋国称霸的时候，西部的秦国也强大起来。秦穆公企图向东争霸中原，但由于向东的道路为晋所阻，便向西吞并了十几个小国，在函谷关以西一带称霸。

此后，长江中下游的吴、越两国相继强大，争霸于东南。公元前494年，吴王夫差进攻越国，围困越王勾践于会稽，迫使越国屈服，接着又打败齐军。公元前482年，吴王夫差在黄池与诸侯会盟，争得了霸权。

越王勾践自被吴国打败后，卧薪尝胆，立志报仇，经过十几年的努力，转弱为强，消灭了吴国。勾践乘势北进，与齐、晋等诸侯会盟于徐，成为霸主。

诸侯大国争霸，说明了周朝王权的削弱。周朝奴隶制处于"礼崩乐坏"的境地。

战国七雄

春秋末年，晋国被自己的三个大臣瓜分为韩、赵、魏三国，齐王被自己的田氏臣子所取代。"三国分晋"和"田氏代齐"之后，当时主要的诸侯国为齐、楚、燕、韩、赵、魏、秦，中国的历史进入战国时期。在战国时代，大国侵并小国、战争愈演愈烈，整个社会动荡不安。

战国时期大体可以分成三个阶段。

第一个阶段是魏国独霸中原。公元前445年，魏文侯任用李悝进行变法，推进各方面改革，使魏国成为最强盛的国家。

公元前354年，魏惠王派大将庞涓率兵进攻赵国，很快逼近赵都邯郸。赵国向齐国求救，齐王派田忌和孙膑领兵救赵。孙膑认为：派兵解围，应出其不意，攻其不备，采取避实击虚的策略，造成敌人的后顾之忧。田忌接受孙膑的意见，于是二人领兵杀向魏国都城大梁。庞涓听说都城被困，立即领兵回救。而此时孙膑、田忌又带领齐军埋伏在魏军回程必经的桂陵，静等魏军前来决战。魏军长途行军，疲于奔命，人困马乏。双方一经交战，魏军全线崩溃，齐军获得全胜。这就是有名的"围魏救赵"的桂陵之战。

公元前343年,魏国又进攻韩国,韩国也向齐国求援。齐国仍派田忌、孙膑率军解救韩国。孙膑采取退兵减灶、诱敌深入的战术。齐军佯败后退,第一天留下10万人做饭的锅灶,第二天减少到5万人的锅灶,第三天减少到3万人的锅灶。庞涓以为齐军逃亡严重,穷追不舍。这时,孙膑在马陵设下埋伏。等庞涓带兵追到马陵,孙膑一声令下,齐军万箭齐发,大破魏军。庞涓自杀,魏太子被俘。这就是马陵之战。经此两战,魏国实力渐弱。

战国时期的第二个阶段是齐国和秦国争霸阶段。

魏国衰弱后,齐国和秦国成为东西两个霸主。秦国在重用商鞅实行变法后,一跃成为七国中实力最强的国家。这时,东方的齐国与秦国旗鼓相当,双方在不断兼并周围弱国、扩大势力范围的同时,又进行着所谓"合纵""连横"的外交斗争。"合纵"就是指弱国联合起来,阻止强国进行兼并;"连横"就是强国迫使弱国帮助它进行兼并。实际上,"合纵"和"连横"都是争取暂时同盟者的外交手腕,其目的是进一步兼并土地,扩张领土。

先是秦国离间齐楚的关系,将楚国的势力减弱。后来,齐国联合韩、魏、赵、中山等五国进行"合纵",攻入秦国的函谷关,齐国成为关东各国的盟主。公元前288年,秦昭王即位后,用远交近攻的策略拉拢齐国,破坏了关东五国的"合纵"联盟。

公元前286年,齐国灭掉宋国,一时威势很盛,引起各国的不安。秦国便联合了燕国、楚国、韩国、赵国、魏国共同伐齐,大败齐军。齐国逐渐丧失了与秦国抗衡的能力。

战国时期的第三个阶段是秦国一家独霸,开始一统天下的阶段。

秦国在"合纵"斗争中削弱了齐国,开始向东方大发展。先

孔子（前551—前479），春秋晚期鲁国陬邑（今山东曲阜东南）人，名丘，字仲尼，儒家学派创始人。

是再一次进攻楚国，进一步将楚国的势力削弱，而后与当时东方最强的赵国之间进行了多次争战。在著名的长平之战中，秦军大败赵军，秦将白起将俘虏的40万赵军全部活埋。从此，赵国一蹶不振。东方六国再也没有能够对抗秦国的实力。

秦王嬴政即位后，随即出动大军，以摧枯拉朽之势，横扫六国旧势力，相继灭掉韩、魏、楚、燕、赵、齐，史称秦灭六国。至此，战国时代结束。

春秋战国时期，除了战争频繁外，中国的思想学术也空前活跃，涌现出对后世产生深远影响的著名思想家老子、孔子、孟子和军事学家孙子（孙武）等人物。

天下归一

公元前221年，秦王嬴政相继灭掉六国后，又将势力扩张到中国的西南、东南沿海和两广地区，逐渐建立起一个统一的多民族国家。

嬴政认为自己"德兼三皇，功过五帝"，遂采用三皇之"皇"、五帝之"帝"构成"皇帝"的称号，显示他至高无上的权力。他梦想子孙后代能够永远继承统治权，因此自称"始皇帝"。嬴政即中国历史上著名的秦始皇。

嬴政为了巩固新建立的国家，颁布了一系列对后世影响深远的政策，奠定了后世中国的基础。

政治上，秦始皇建立了中央集权制度和政权机构。中央设丞相、太尉、御史大夫。丞相是百官之首，掌政事；太尉掌军事；御史大夫监察百官。丞相、太尉、御史大夫以下，是分掌具体政务的诸卿。丞相、太尉、御史大夫与诸卿议论政务，皇帝作裁决。

地方上，废除分封制，改行郡县制。地方行政机构分郡、县两级。郡县主要官吏由中央任免。郡设守、尉、监。秦始皇把全国分成三十六郡，以后又陆续增设至四十一郡。县，万户以上者设令，万户以下者设长。县以下设乡，乡下设里。这样，从中央到地方形成了一个"金字塔"式的封建统治网。秦朝的这种中央集权制度，对中国整个封建社会产生了重大影响，后来的各个王朝基本都沿用了此制。

文化上，统一文字。战国时期，各地区文字与写法各不相同。秦统一六国后，秦始皇命令李斯等人进行文字改革工作。李斯等人用小篆编写文字课本并在全国推广，以此作为标准文字。同时，还把隶书作为日用文字，便于民间使用。这样，实现了"书同文"。

经济上，统一货币和度量衡。战国时期，各国货币的形状、大小、重量都不相同，计算单位也不一致。秦始皇统一规定货币分二等，以黄金为上币，圆形方孔的铜钱作为下币，这就给当时的商品交换以很大方便。随后，秦始皇又下令统一全国的度量衡。度分为寸、尺、丈，量分为升、斗、桶（斛），衡分为两、斤、石。货币和度量衡的统一，在客观上对商业、手工业的发展和全国经济的联系起了积极作用。

交通运输业上，统一车轨、修驰道。陆路交通方面，公元前222年，秦始皇开始大幅修筑以国都咸阳为中心，向四面八方延伸出去的驰道，类似现代的高速公路。驰道实行"车同轨"，均宽五十步。在水路交通方面，他下令开凿灵渠，沟通湘水与漓水，使珠江水系和长江水系相联系。

为了防范北方匈奴的侵扰，秦始皇下令把秦国、赵国和燕国北边原有的长城连接起来，修筑了一条西起甘肃临洮、东至辽宁东部，长约5000公里的"万里长城"。长城在保护当时人民少受匈奴劫掠的同时，也为后世留下了一大建筑奇迹。

秦朝的建立和秦始皇所实行的各项政策，促进了中国各地区各民族的交往交流，奠定了中国多民族统一国家的基础。

长城的修筑自公元前 7 世纪始,到公元 17 世纪才基本停止,几乎伴随了中国封建社会发展的全过程。万里长城气魄雄伟,是世界历史上伟大的工程之一,1987 年被列入《世界文化遗产名录》。

楚汉之争

中国象棋的棋盘中间写着的"楚河汉界"四个字，指的就是秦朝末年项羽和刘邦的楚汉之争。

秦始皇建立的秦朝并没有持续太长时间。公元前210年，秦始皇在出巡途中突然病逝于沙丘，宦官赵高等人发动政变，伪造秦始皇遗诏将太子扶苏、大将蒙恬赐死，立少子胡亥为二世皇帝。秦二世昏庸荒淫，赵高又专权乱政，税负、徭役更加沉重，天下越发困疲，百姓苦不堪言，最终引发了秦末农民大起义。

公元前209年7月，陈胜、吴广首先发动大泽乡起义，建立"张楚"政权，陈胜自称楚王，一时间天下群雄纷纷响应。9月，前楚国大将项燕的后人项梁、项羽叔侄发动会稽起义，项梁自号武信君；同月，原泗水亭长刘邦也于沛县起兵响应，称沛公。

陈胜、吴广农民起义失败后，刘邦也率部归附项梁。项梁采纳谋士范增的建议，拥立前楚怀王的孙子熊心为王，仍号"楚怀王"。项梁在定陶之战中因轻敌而战死后，楚怀王封刘邦为武安侯，封项羽为长安侯。随后分兵两路，项羽、范增北上救赵，刘邦则收项梁、陈胜散军西进伐秦。楚怀王与诸将约定，"先入定关中者王之"。

项羽率军北上后，先是"破釜沉舟"击败秦将章邯，而后在巨鹿之战中大破秦将王离的秦军主力，之后再连破秦军，最终章邯率20万秦军投降，至此，秦朝主力军队基本被歼灭。

与此同时，刘邦采取避实击虚的战略，从武关道进入关中，经过几个月的转战，于公元前207年10月到达咸阳郊外，于蓝田大破秦军，秦王子婴向刘邦投降，秦朝灭亡。刘邦入咸阳，尽除秦苛法，与关中父老"约法三章"，得到人民拥戴。

公元前207年12月，项羽也率诸侯军入关，与刘邦会于鸿门，这就是历史上有名的"鸿门宴"。而后，项羽先是入屠咸阳，杀秦宗室，焚秦宫室，劫掠关中；而后自封为西楚霸王，并分封自己的18个亲信为王。项羽的这些做法引起了很多人的不满，多人起兵反叛。

而刘邦则在汉中苦心经营，蓄势待起。公元前206年8月，刘邦趁项羽镇压叛乱之际，出兵直捣项羽的老窝彭城，楚汉战争爆发。

从公元前206年至公元前202年，刘邦和项羽苦战了5年，大战70余次，小战40余次。刘邦在一再失败之后，逐渐转为优势。项羽曾一度提出和刘邦"中分天下"，以鸿沟为界，河东属于楚，河西属于汉。

公元前203年底，刘邦会合诸将，合围项羽于垓下，项羽粮食吃光，援兵断绝。在寒冬的一个夜晚，项羽被围在一个山头，在四面楚歌中知道军心涣散，大势已去，连夜夺路突围。天亮以后，刘邦闻讯，立即派5000骑兵追赶。项羽渡过淮河，只剩100多人。汉军追上，杀得项羽只剩28个残兵。最后，项羽逃到乌江边上，眼见前面是茫茫乌江，后面又有滚滚追兵，走投无路，只能拔剑自刎。

公元前202年，经过长期战争后，刘邦终于再次统一中国，建立起汉朝。

丝绸之路

汉朝建立后，经过60余年的"休养生息"，政权得以巩固，国力逐渐雄厚。汉武帝刘彻在位时，汉朝迎来了全盛时期。

甘肃敦煌莫高窟壁画，描绘了张骞辞别汉武帝出使西域的情景。张骞开拓了中国通往西域的丝绸之路，促进了中华民族与中亚、西亚、南亚及欧洲等国家的交流与合作。

国家实力的增强，使汉武帝终于有底气开始解决自秦朝以来困扰中原王室多年的匈奴问题。从公元前133年至公元前119年，他连续派遣大军抗击匈奴，捣毁了匈奴在戈壁以南的驻地。在对匈奴进行军事进攻的同时，汉武帝还派人到西域（今中国甘肃敦煌以西，天山南北、巴尔喀什湖以东以南以及中亚一带）寻找盟友来共同对抗匈奴。

公元前138年，汉武帝派遣张骞第一次出使西域，目的是与受匈奴压迫的大月氏国取得联系，共同打击匈奴。大月氏国原在甘肃一带生存，后在匈奴的压迫下，在汉武帝时已经迁到了现在的阿富汗一带，正欲进攻印度。张骞一行刚走出甘肃临洮，就被一队匈奴骑兵扣留，并被押送到匈奴王庭囚禁了10多年，后来张骞终于脱身，辗转来到大月氏。但是此时的大月氏已经在新的土地上安居乐业，没有兴趣再卷入与匈奴的战事。张骞无功而返，途中又被匈奴人逮捕扣留一年多，公元前126年，才得以返回汉都长安。张骞这次出使西域，前后经过13年，跋涉万余里，到过许多国家和地区，了解了沿途的风土人情、地形物产和政治军事情况。

公元前119年，汉武帝派张骞第二次出使西域。张骞率领300多人的大使团，每人准备两匹马，携带上万头牛羊以及价值巨额的金帛货物，与西域各国进行联络。张骞这次出使西域各国，受到热情的接待。西域各国都愿意和强大的汉朝发生联系。在这以后，西域一些国家陆续派使者带着珍贵的礼物来到长安城，汉朝的丝绸、漆器、玉器、铜器等精美工艺品以及掘井法、冶铁技术等都先后传至西域，促进了中亚、南欧和北非等地经济的发展。

随着经济的发展，汉朝的物品源源不断地输入中亚和欧洲。其中，最使商人和贵族感兴趣的是中国的丝绸。有一次，罗马的执政者恺撒，穿着中国丝绸缝制的长袍去看戏，大臣们认为那是

"破天荒的豪华"。从此欧洲各国的王公贵族都争购中国丝绸，以显示自己的荣耀。

随着交流的频繁，一条"丝绸之路"逐渐形成，主要线路从汉朝的首都长安出发，向西经甘肃的河西走廊，到敦煌分成南北两道。南道，从阳关西行，沿昆仑山脉北麓，经楼兰、莎车等地，越过帕米尔高原，到大月氏(今阿姆河流域)、安息(今伊朗高原东北)、条支(今伊拉克或阿拉伯)、大秦(罗马帝国)等国。北道，从玉门西行，沿天山山脉南麓，经车师前王庭、焉耆、龟兹、疏勒等地，越过帕米尔高原，到达现在的哈萨克斯坦境内，再往西到达现在的里海附近。

"丝绸之路"的建立，对于促进中国同中亚各国的经济文化交流发挥了积极作用，同时也成为中国与中亚等各国人民友好往来的历史见证。

光武中兴

西汉自汉武帝时期的高光后，逐渐走向了下坡路，后期的继位者都极端荒淫腐朽，国家大权逐渐被外戚掌握。公元8年的时候，当时皇太后的侄子王莽篡夺了皇帝宝座，并将国号改为"新"。王莽执政后进行了一系列脱离实际的激进改革，加之他为满足私欲大量征发赋税和徭役，人民生活陷入悲惨境地。此时，又突发天灾导致连年歉收，全国上下陷入饥荒。终于在公元18年，爆发了农民起义，掀起了全国性反抗浪潮。公元23年，王莽被起义军队所杀，汉高祖刘邦建立起来的大一统国家再一次陷入分裂。

西汉末年的农民起义军推翻新莽政权后，很快又陷入了混战状态。在起义队伍中，绿林、赤眉这两支最有名的农民武装分别拥立了两个汉皇室后裔。但是，跟其他农民起义者一样，他们缺少统治经验，也不懂得推翻旧政权后建立自己的新政权，许多汉室后裔和豪强地主混入了起义队伍中，其中就有后来的东汉光武帝——刘秀。

当绿林、赤眉两支起义大军各立天子、相互混战之际，刘秀乘机壮大自己的势力，最终统一了中国，重建了汉室天下。公元25年6月，刘秀称帝，沿用汉的国号，年号建武，称光武帝，随后定都洛阳。由于洛阳处于西汉的都城长安东面，所以中国历史上将刘秀建立的政权称为东汉。

刘秀称帝后，基本控制了中原要地（今中国河北、河南大部和山西南部），但各地仍然处于分裂割据的状态。又经过10余年的战争，到公元36年，他才将中国再次统一起来。

光武帝完成了统一大业，恢复了汉室的统治。但是经过多年战争，天下百姓久遭战祸、财物耗尽，人民都向往着天下太平的生活。因此，在国内局势逐渐稳定后，光武帝决定致力于发展社会经济，安抚周边少数民族。他推行了一系列政策措施，恢复、发展社会生产，缓和西汉末年以来的社会危机。由于种种措施的得力，东汉初年出现了社会安定、经济恢复、人口增长的局面，中国历史上将这一时期称为"光武中兴"。

三国鼎立

东汉后期，外戚和宦官争权夺利、钩心斗角，像走马灯一样交替执政，社会上一片乌烟瘴气。老百姓被官僚地主残酷压榨，生活极度贫困。在重租、苛税、灾荒、疫病的逼迫下，广大农民忍无可忍，纷纷起来反抗。据统计，从公元107年到184年，各式各样的农民暴动达六七十次。其中，影响最大的是黄巾大起义，虽然它最终被镇压失败，但却动摇了东汉王朝的统治，皇室再也没有能力控制全国的局面。

在镇压黄巾军起义的过程中，各地官员纷纷扩充自己的武装，成为割据一方的封建军阀，很快就完全脱离了朝廷的控制。各方势力在混战的过程中，逐渐形成了三股较大势力：曹操控制了整个中国北方地区，刘备占领了四川附近的地方，孙权则盘踞在长江中下游和华南一带。这三股势力互相攻伐，经过赤壁之战，最终形成了各占一方的局面。

公元220年，曹操去世后，他的儿子曹丕逼迫汉献帝"禅让"，建立曹魏，定都洛阳。至此，东汉正式灭亡。公元221年，刘备在成都称帝，建立了蜀汉。公元229年，孙权也在建业称帝，建立了吴国。三国鼎立的局面正式形成，中国自此进入了一个分裂的时代。

大唐盛世

公元263年，魏吞并了蜀汉，但两年后，司马氏夺了曹家天下，建立了晋朝（史称西晋）。晋武帝于公元280年灭掉吴国后，暂时统一了全国。但是晋朝也没能长久，公元316年在动乱中灭亡。虽然由王族另行建立了一个东晋政权，但它不足以控制整个中国。从此，中国陷入了近270年的分裂之中。直到公元581年，隋王朝的建立，才使中国再次回归统一。但是，隋朝只存在了30

唐三彩俑。骆驼上的人物系来自中亚的乐师和歌舞者。

余年，由于第二任皇帝隋炀帝的残暴，全国又掀起了农民起义的高潮，隋朝于公元618年宣告灭亡。

在隋末的群雄逐鹿中，李渊父子成为最后的赢家。李渊于618年建立了唐朝，自立为皇帝。随后，其子李世民发动"玄武门之变"，夺取皇帝之位。李世民即为唐太宗。他在位时，任人唯贤，注意倾听不同意见，对人民实行宽容的政策。因此，唐朝初年出现了一个辉煌的时期，历史上称之为"贞观之治"。

唐太宗还肃清了唐朝周边的外在隐患，拓展了中国的疆域。唐朝的势力范围，北起南西伯利亚，南至东南亚，西达西藏、中亚及咸海一带，在本土之外还设置了六大都护府控制周围的附庸国，此外尚有日本、南亚、东南亚乃至西亚的一些国家，也遣使进贡。

唐朝发展到唐玄宗前期，经过君臣励精图治，国力达到鼎盛，形成了"三年一上计，万国趋河洛"的盛世局面。此时，唐朝在各方面都达到了极高的水平：社会经济空前繁荣，人口大幅度增长，商业十分发达；国内交通四通八达，城市繁华；对外贸易十分活跃，波斯、大食商人纷至沓来，唐都长安成为一个世界性都市，各种肤色、不同语言的商贾云集。

这样，唐朝成为一个世界性的大帝国。

黄袍加身

唐玄宗后期，由于皇帝不思朝政，加上地方藩镇实力大增，盛唐的背后出现了分裂的危险，终致爆发了"安史之乱"。随后，唐朝的统治便走向了衰亡。公元874年，北方又爆发了大规模农民起义，唐朝政府被打得七零八落，名存实亡。公元907年，大唐帝国走到了最后时刻，中国也走进了分裂的五代十国时期。

但是，这次分裂的时间并不很长。五代最后一个朝代——后周政权的一员大将赵匡胤抓住机会再一次扫平了各国各地的割据势力，建立起了宋朝，中原地区再次归于统一。

赵匡胤本来是后周的禁军统帅，周世宗去世后，继位的皇帝年幼，军权被赵匡胤掌握。公元960年，北汉和辽朝联合，出兵攻打后周边境，朝廷派赵匡胤带兵抵抗。他接到出兵命令，与弟弟赵匡义和亲信谋士赵普立刻调兵遣将从汴京出发。

当天晚上，大军在离京城20里的陈桥驿扎营休息。在这里，赵匡义和赵普同军官们商议决定拥护赵匡胤做皇帝，并号召将士们赶到赵匡胤住的驿馆。几个军官一拥而上，把早已准备好的一件黄袍，七手八脚地披在赵匡胤身上，随后一起跪倒在地，高呼"万岁"。就这样，赵匡胤"黄袍加身"，即位做了皇帝，立国号为宋，定都东京（今河南开封），历史上称为北宋。

北宋建立后，经过10余年的战争，终于统一了全国大部分地区，巩固了自己的政权。但是，由于土地兼并严重，北宋后期农民起义风起云涌，中国的四大名著之一《水浒传》讲述的就是北宋末年一支影响较大的农民起义军的故事。

与此同时，在北宋的边境，也面临着巨大的危险。在北方，契丹族建立起辽国；西北部，党项族建立了西夏政权；东北部，女真族正在崛起。

为了反抗契丹族的入侵，北宋与辽进行了长达十几年的战争。为了打败辽国，北宋不明智地与女真族建立的金国结盟，虽然消灭了辽国，但却又被金国入侵。1127年，金军攻克北宋都城汴京，俘虏了宋朝的两位皇帝，这就是中国历史上的"靖康之耻"。随后，宗室赵构称帝，将都城迁往临安（今浙江杭州），历史上称为南宋。

从此，南宋与金分居南北，中国再一次陷入了分裂之中。

重归一统

在南宋与金的对抗过程中，中国北部的蒙古族逐渐发展壮大。在被称为"一代天骄"的成吉思汗领导下，蒙古军队横扫亚欧大陆，建立起蒙古帝国。成吉思汗去世后，他的后人先后消灭西夏和金国。1271年，成吉思汗的孙子忽必烈入主中原，消灭南宋，建立元朝，定都大都（今北京）。忽必烈结束了长达数百年的多政权并立的局面，实现了包括新疆、西藏及云南地区在内的全国大统一。

为了维护自己的统治，元朝在地方实行行省制度，这奠定了后世中国地方行政机构的基础。但是，元朝的统治并不长久，由于统治者对国民划分等级管理，广大汉人被定为最低等级，受到残暴对待，由此引起了强烈的反抗。自1351年起，中国爆发了一场持续10余年的红巾军起义，最终埋葬了元朝的统治。

在这场大起义中，朱元璋笑到了最后。1368年，他在南京宣告即位，建立明朝，朱元璋即明太祖。后来，他的儿子明成祖朱棣即位后，开始大规模营建北京城池和宫殿，并于1421年正式迁都北京。

1405年至1433年，明成祖派太监郑和率领庞大的船队进行了七次规模巨大的海上远航，途经东南亚各国、印度洋、波斯湾、马尔代夫群岛，最远到达非洲东海岸的索马里和肯尼亚，是哥伦布时代以前世界上规模最大、航程最远的海上探险。

最后的帝国

明朝后期,并没有摆脱前朝的轮回,皇帝无能、宦官专权、朝廷党争,加在人民身上的赋税日益沉重,最终导致了又一场大规模的农民起义。1644年3月,"闯王"李自成领导的起义军攻破北京城,明朝灭亡。

在明朝走向衰落的时候,中国东北部的满族人开始迅速崛起。1616年,其首领努尔哈赤建立起后金政权;1636年,皇太极改国号为"清",并不断向明朝发起冲击。1644年,就在李自成进攻北京的同时,满清八旗也突破长城入关,并很快击败了农民起义军,清朝皇帝福临迁都北京,建立清朝。

经过休养生息,清朝最著名的皇帝康熙收复了台湾,遏止了沙俄的入侵。他还加强对西藏的管辖,制定了由中央政府最终决定西藏地方领袖的一整套规章制度。在其统治下,中国疆土面积超过1100万平方公里。随后,中国进入了"康乾盛世",这是中国封建社会的鼎盛时期。但是,繁华的背后潜伏着许多危机,清王朝闭关自守,故步自封,中国已经落后于西方资本主义国家。

19世纪初,清王朝迅速衰败。英国在这一时期向中国大量输入鸦片,清政府力图查禁鸦片。英国为保护鸦片贸易,于1840年对中国发动侵略战争,清政府最后同英国政府签订了丧权辱国的《南京条约》。鸦片战争之后,英、美、法、俄、日等国家不断强迫清政府签订各种不平等条约。自此,中国逐渐沦为半殖民地半封建社会。

1911年孙中山领导的辛亥革命,推翻了清王朝200多年的统治,同时也宣告了在中国延续2000多年的封建君主制的灭亡。

文明古国

中国不仅有延绵不绝的历史,而且创造了辉煌的文化,是世界公认的"四大文明古国"之一。

中国古代物质文明和精神文明丰富多彩、灿烂辉煌。古代中国的经济发展和科学技术长期处于世界领先地位。古代中国的哲学思想博大精深,典籍文献浩如烟海。古代中国的文学艺术高峰迭起,美不胜收。这些是古代中国人民勤劳、智慧创造的结晶,也是中国各民族各地区文明交融、汇合的产物,又是中外文化交流、互鉴、融合的结果。

辉煌的中华文化还孕育了一代又一代的人才。在几千年的历史中,中国产生了许多杰出的政治家、军事家、思想家、教育家、科学家、文学家和艺术家,还产生了很多的民族英雄和革命领袖。中华民族是一个有着优良传统的民族。

中华优秀文化是中华儿女共同的精神基因,也是中华民族发展壮大的强大精神力量。

第二章

黎明徘徊
——近代中国的黑暗与屈辱

1840年，英国发动了侵略中国的鸦片战争。中国历史的发展从此发生重大转折。鸦片战争后，中国社会陷入一片黑暗之中，开始沦为半殖民地半封建社会，国家日益贫弱，社会战乱不已，民族灾难深重，人民饥寒交迫。但是，在黑暗中的中国人民从来没有放弃抗争。为挽救民族危亡，从农民阶级的"太平天国"到地主阶级的"洋务运动"，从维新派的"戊戌变法"到革命党人的"辛亥革命"，一代又一代先进分子进行了不屈不挠的斗争。然而，这些抗争无一例外地全都失败了。在很长一段时间内，仁人志士们并没有找到解救中国的出路，中国人民仍然生活在贫穷、落后、动荡、战乱不断的苦难深渊之中。

鸦片战争

中国的近代史，是伴随着一场屈辱的鸦片战争而开启的。

就在中国处在封建社会巅峰的明清时期时，西方主要国家已经进入了资本主义时期。尤其是在19世纪初基本上完成工业革命的英国，已经成为世界资本主义最强大的国家，建立了号称"日不落"的殖民大帝国。在亚洲，继占领印度之后，中国成为它的主要侵略目标。

英国对华贸易长期处于入超状态。因此，英国殖民者以走私毒品鸦片作为牟取暴利及改变贸易逆差的手段。据不完全统计，鸦片战争前40年间，英国运入中国的鸦片约有40万箱，从中国掠走了3亿至4亿银元。1825年和1837年，英国经历了两次资本主义经济危机，转而发动对中国的侵略战争，扩大对中国的掠夺。

英国的鸦片走私造成了中国白银大量外流及财政危机，导致中国银贵钱贱，劳动人民的负担加重，并且直接毒害了中国人民的身体和精神。清政府被迫制定严禁鸦片的措施，并命令钦差大臣林则徐于1839年6月在广东虎门销毁所收缴鸦片。但这一维护国家利益和民族尊严的正义行动，却成为英国政府发动侵略战争的借口。

1842年8月29日,中英双方代表签署《南京条约》。

　　1840年6月,英国侵华舰队封锁了珠江海口和广东海面。鸦片战争正式爆发。

　　腐朽的清王朝没有能力抵抗世界资本主义头号强国的入侵,鸦片战争以清政府的失败而告终。1842年8月29日,中英双方签订了中国近代史上第一个不平等条约——《南京条约》,随后又签订了中英《虎门条约》。美国、法国等西方列强也趁火打劫,逼迫清政府与之签订了中美《望厦条约》、中法《黄埔条约》。

　　通过这一系列不平等条约,英国等西方列强在中国攫取了大量侵略特权。如:割占香港岛,破坏了中国的主权和领土完整;外国船舰可在中国领海自由航行,破坏了中国的领海主权;外国人在华不受中国法律管束，享受领事裁判权，破坏了中国的司法主权；协定关税，则破坏了中国的关税主权；等等。

随着外国资本主义的入侵，中国的封建社会逐步变成了半殖民地半封建社会。由此，中国开启了长达半个多世纪的黑暗近代史。

第二次鸦片战争

贪婪之人的胃口不会轻易得到满足。

第一次鸦片战争后，西方资本主义列强相继侵入中国。但是，它们不满足已经取得的特权和利益，蓄意加紧侵犯中国主权，进行经济掠夺。《南京条约》届满后，英国提出全面修改条约，并强加了一系列不平等条款，被清政府拒绝后，决心对中国发动一场新的侵略战争。

1856年10月，英国利用"亚罗号事件"制造战争借口。10月8日，广东水师在属于中国的"亚罗号"船上逮捕了几名海盗和有嫌疑的水手，这纯属中国内政，与英国毫不相干。但是英国驻广州代理领事巴夏礼却致函两广总督叶名琛，称"亚罗号"是英国船，捏造中国兵曾侮辱悬挂在船上的英国国旗，要求送还被捕者，并赔礼道歉。叶名琛据理力争，态度强硬，而且不赔偿、不道歉，只答应放人。1856年10月23日，英军开始行动，三天之内，连占虎门口内各炮台；27日，英舰炮轰广州城。29日，英军攻入城内，抢掠广州督署后退出。无比愤怒的广州人民奋起反抗，烧毁了洋行夷馆，破坏了英国侵略者的路上据点，迫使他们狼狈退出广州。

为了扩大侵略战争，英国政府于1857年3月任命额尔金为全权代表，率领一支海陆军来到中国；同时向法国政府提出联合出兵的要求。于是法国借口"马神甫事件"也派出军队。所谓"马神甫事件"，是指法国天主教神甫马赖违反中法《黄埔条约》，自行进入中国内地活动，被广西西林县知县处死的事件。1857年，法国政府遂以此为借口，任命葛罗为全权代表，与英国联兵侵略中国。此外，英法虽然还联合了美国，但美国仅以外交支持。俄国则以调停人的面目出现，借机渔利。

战争的结果仍然毫无悬念。英法联军占领广州后一路北上，先是占领天津，迫使清政府签订了《天津条约》；后来，英、法得寸进尺，又以去北京换约为借口，向北京进军。听闻敌人来袭，咸丰皇帝竟吓得弃都而逃，英法联军不费吹灰之力就占领了北京城，最后清政府又签订了丧权辱国的《北京条约》。

经过第二次鸦片战争，中国丧失了更多的主权和领土，进一步陷入半殖民地半封建社会的深渊。

火烧圆明园

中国古代园林艺术的瑰宝——圆明园始建于明代，后在清朝乾隆皇帝时大规模扩建，成为当时世界上最宏伟最美丽的人工花园。园内建筑中有庄严宏伟的宫殿，也有轻巧玲珑的楼阁亭台、曲径回廊；有象征热闹街市的"买卖街"，也有象征农村景色的"山村"。漫步园中，有如游历中国的大江南北。它是中国劳动人民智慧和血汗的结晶，也是中国人民建筑艺术和文化的典范。

圆明园不仅建筑宏伟、风景优美，而且还收藏了无数珍贵的历史文物，既有历史书画，也有金银珠宝、铜器瓷器，可以说是

1860年,被誉为"一切造园艺术的典范"和"万园之园"的圆明园惨遭英法联军劫掠和焚毁,一代名园最终沦为废墟。图为圆明园残迹。

世界上首屈一指的博物馆。

可是，这座用中国人民的血汗堆积起来的圆明园，在第二次鸦片战争中，却遭到英、法侵略者的彻底破坏。

1860年10月，英、法联军占领北京后，对圆明园进行了毁灭性的洗劫。法国侵略军首先进入圆明园。他们空手而进，满载而出。每个法国士兵的口袋里都装满了价值三四万法郎的财宝。有一名军官劫掠的珍珠和金刚石，价值80万法郎以上。英国侵略者也不示弱，他们进到皇帝的宫殿后，谁也不知道该拿什么东西，为了金子把银子丢下，为了镶有珠玉的钟表和宝石，又把金子丢下。他们把能搬走的金银珠宝、精美的丝绸、珍贵文物和各种艺术品全都搬走了，那些瓷器和珐琅瓶，因为太大不能搬走就打得粉碎。

在将圆明园洗劫一空后，为了掩盖罪行，英国全权大臣额尔金又下令将圆明园全部烧毁。10月18日，三四千名英国侵略者一齐出动，在圆明园内四处放火，一时黑烟结成浓云，迷漫北京天空。大火连烧三昼夜不熄。这座世界上有名的圆明园被烧成了一片焦土。

圆明园被劫掠和焚毁，将英、法两个强盗贪婪残暴的嘴脸在全世界人民面前暴露得淋漓尽致。法国著名文学家雨果对这一暴行曾作了形象的描绘："有一天，两个强盗走进圆明园，一个抢了东西，一个放了火。这个胜利者把口袋装满，那个把箱箧装满，他们手拉手，笑嘻嘻地回到欧洲。这就是那两个强盗的历史。在历史面前，这两个强盗一个叫法兰西，另一个叫英吉利。"

不败而败的战争

1883年，中国和法国之间爆发了一场奇怪的战争。当年12月，法国侵略越南，越南政府向中国求援，因而爆发了一场中法战争。这场战争的奇怪之处在于，战场上取得胜利的清军，却在谈判桌上将胜利拱手相让。

19世纪70年代，法国侵略越南北部，并企图进而入侵中国。应越南政府之邀，原属太平天国农民起义军一支的黑旗军在首领刘永福的带领下援越抗法，屡创法军。清政府也增派军队出境防御。恼怒的法国人于1883年强迫越南签订《顺化条约》，把越南变成法国"保护国"。同年11月，法军向派驻越南的中国军队发动进攻，挑起中法战争。

1884年7月，法国舰队在马尾港突袭福建水师，准备不足的清军舰只全都被击沉。随后，法军在中国沿海继续侵扰，1885年3月，进犯浙江镇海，但是被当地守军迎头痛击，被迫撤退。

在陆路战场上，法军直逼谅山和镇南关。清军将领弃城逃跑，致使法军轻易地占领两地。这时，法国侵略者的气焰更为嚣张，竟在镇南关立起木牌，写上"广西的门户，已不复存在了"。中国镇南关人民针锋相对地在关上写道："我们将用法国人的头颅重建我们的门户！"他们决心把镇南关变成埋葬侵略者的坟墓。

在人民群众反侵略热潮的推动下，两广总督张之洞推荐起用退伍老将冯子材。冯子材亲自率领一部分官兵，据守山头要塞，承担最艰苦的战斗任务。当法军在炸弹的掩护下恶狼似的扑来时，年近70岁的冯子材手持长矛冲入敌阵，他的两个儿子紧跟在身后，奋力冲杀。法国侵略军在中越军民的沉重打击下，已成惊弓之鸟，抱头向南逃命。中国军队取得了镇南关大捷。随后刘永福部黑旗军也在越南义军配合下，在临洮大败法军。法军失利，引起了法国政局的动荡，内阁因此倒台。

但就是在战争胜利的形势下，腐朽的清政府却提出了"乘胜即收"的卖国论调，诏令前线停战撤兵。1885年6月，中法双方在天津签订《中法会订越南条约》(即《中法新约》)，中法战争遂以法国不胜而胜、中国不败而败告结。法国不仅把越南变成其殖民地，而且还打开了中国西南的门户。

甲午之耻

在中国近代史上，中日甲午战争的失败，给了中国人民很大的刺激。许多中国人不能接受的是，如果说从前还只是被西方大国打败过，但在甲午战争中竟被东方的日本打败了，而且失败得那样惨，这可以说是中国从未受到过的耻辱。

1894年初，处于清政府影响下的朝鲜爆发"东学党起义"，朝鲜统治者请求清政府派兵援助。此时经过"明治维新"而逐渐强大起来的日本正在密谋侵略中国和朝鲜，以摆脱本国的经济危机，因此也以"保护侨民"为借口，出兵朝鲜，找寻借口发动侵略战争。

1894年7月23日凌晨，侵朝日军突袭汉城王宫，解散朝鲜亲华政府。控制了朝鲜政府后，1894年7月25日，日本不宣而战，在朝鲜丰岛海面袭击了增援朝鲜的清朝军舰济远舰和广乙舰，丰岛海战爆发。至此，日本终于引爆了中日战争。因为1894年是中国天干地支纪年法的甲午年，因此中国历史上将这次战争称为甲午战争。

1894年，日军进攻牙山。8月1日，清政府被迫对日宣战。同时，日本也正式宣战。9月14日，日军进攻朝鲜首都平壤，清军主帅叶志超弃城北逃，平壤失守。

在平壤战役吃紧时，清政府派海军提督丁汝昌率舰队护送陆军增援。当舰队返航到鸭绿江口的大东沟时，遭到日本军舰的袭击。日舰猛攻清朝舰队的旗舰定远舰，在舰上指挥战斗的丁汝昌身负重伤，桅杆上的帅旗也被打落。清朝舰队被日本舰队分割包围，失去统一指挥。在这紧要关头，致远舰管带邓世昌勇敢地担负起指挥作战的任务。致远舰勇往直前，用重炮击中敌方旗舰松岛舰的炮台，给敌人以沉重打击。

但是在交战中，致远舰也中弹受伤，船身严重倾斜，弹药将尽。致远舰全体官兵临危不惧，仍然沉着应战。邓世昌看到日本主力舰吉野舰十分猖狂，便下令开足马力向吉野舰冲去，决心与它同归于尽。致远舰的英勇行动，使敌人惊恐万分，日舰水兵吓得狂呼乱叫，纷纷跳水逃命。但就在快要撞到敌舰的时候，致远舰被敌鱼雷击中，全舰官兵250余人壮烈牺牲。除致远舰外，经远舰在管带林永升的指挥下，奋勇杀敌，也不幸被击沉。

黄海大海战激战五六个小时，到傍晚双方才分头撤退。清政府虽然损失军舰4艘，但舰队主力舰镇远舰、定远舰仍然完好，其余各舰经过修整仍可出战。可是，李鸿章为了保存自己的实力，竟命令北洋海军舰队躲藏在威海卫军港内，不准出海作战，结果导致北洋海军全军覆没。

1894年10月下旬，日本侵略军一路渡过鸭绿江，侵入中国领土；另一路侵略军在辽东半岛花园口登陆，大连、旅顺先后被敌军占据。反动腐朽的清政府，在美国指使下开始进行求和活动。

1895年4月17日，李鸿章同日本代表签订了丧权辱国的《马关条约》。《马关条约》是《南京条约》以来最严重的卖国条约。从此,中国的民族危机更加严重了。

瓜分狂潮

甲午中日战争的惨败,让帝国主义列强更加感受到了清政府的腐朽软弱,随之掀起了瓜分中国的狂潮。他们纷纷到中国抢占港口和土地,划分自己的势力范围。

1897年11月,德国以两个传教士在山东曹州巨野县被杀为借口,出兵强占胶州湾。1898年3月,德国公使与李鸿章签订了《胶澳租界条约》,将胶州湾租给德国,租期99年,并允许德国在山东修筑胶济铁路,铁路沿线30里以内的矿产由德国开采。山东从此成为德国的势力范围。

沙皇俄国为了达到"在太平洋上获得一个不冻港"的目的,于1898年与清政府签订《旅大租地条约》和《续订旅大租地条约》,租借旅顺和大连港。在旅顺,沙皇俄国成立临时民政管理局,进行殖民统治,称为"关东州";成立地方法院,隶属俄国的伊尔库茨克中级法院,管辖关东州内各市、区的法庭;将大连立为特别市,由俄国财政部直辖,市长由财政大臣推荐。这样,沙俄把旅顺、大连租借地变成了殖民地。

继德、俄两国之后,法国向清政府提出租借广州湾的要求。1898年3月,法国外交官向清朝总理衙门发出照会,声言中国不得把云南、广西、广东3省让与他国;中国邮政局总管要由法国人担任;允许法国修建越南至昆明间的铁路;要求在中国南部沿海海岸设立供船停泊的场所。迫于压力,清政府于1899年11月签订了《广州湾租界条约》。云南、广西、广东3省成为法国的势力范围。

英国在中国已经取得了很大的利益。由于德国、俄国和法国得到了租借地，英国的优势地位受到威胁。因此，英国迫不及待地向清政府提出租借九龙半岛和威海卫的要求。1898年7月，英国与清政府签订了《订租威海卫专条》，规定威海卫及其附近海面包括刘公岛、威海卫湾中的群岛及威海卫沿岸10英里的陆地，租与英国，以25年为期，等等。同一年，英国公使与清政府还订立《展拓香港界址专条》，规定九龙半岛包括大鹏湾和深圳湾租借给英国，租期99年，等等。这样，英国在中国北部占领了威海卫以阻挡俄国势力南下，在华南强租九龙半岛以抗衡法国势力，用以巩固英国的香港军事基地和长江流域的势力范围。

日本在甲午战争中已获得大量特权，但当它看到列强纷纷向中国下手的时候，也迫不及待地参与分割中国的罪恶活动。1898年4月，日本驻华公使向清政府发出照会，要求"不得将福建省内之地让与或租与别国"。清政府屈从了日本的要求，被迫同意将福建划为日本的势力范围。

就这样，中国大部分地区都成了帝国主义国家的势力范围。一个统一的帝国被一伙强盗瓜分了。

八国联军侵华

西方列强掀起了瓜分大清帝国的狂潮后，中国的民族危机更加深重，中国人民反抗帝国主义的斗争日益高涨，终于义和团运动爆发。义和团以"扶清灭洋"为口号，在直隶和京津地区迅猛发展，对帝国主义列强在华势力造成直接威胁。列强要求清政府取缔义和团，但此时清政府内忧外患，根本没有能力取缔义和团。各国眼看清政府已无法控制形势，便策划直接出兵镇乱。

1900年5月20日，英、美、法、德、俄、日、意、奥匈八国正式决定联合出兵镇压义和团，以"保护使馆"的名义，调兵入北京，进驻东交民巷。随后，各国继续向中国增兵，集结大沽口外的各国军舰有24艘，聚集在天津租界的联军达2000余人。6月17日，列强向天津大沽炮台发动攻击，3000余名中国将士阵亡。

1900年6月20日，德国公使在北京被击毙，这给了八国联军一个进军的绝好借口。局势已经不可逆转，6月21日，迫不得已的中国掌权者——慈禧太后以光绪皇帝的名义发出《宣战诏书》。大战开始了，但这是一场注定失败的战争，一边是根本没有做好近代化战争准备的腐朽王朝，另一边是武装到牙齿的世界八大强国的联合部队。

8月14日，北京失陷。慈禧太后和光绪皇帝仓皇出逃，将帝国的首都拱手相让。联军入城后，各国指挥官下令大掠三日。八国联军掠尽紫禁城和颐和园里的宝物，至今这些中国的国宝依然散落在世界各国的博物馆中。其中著名的"万园之园"圆明园继英法联军之后再遭劫掠，终成废墟。联军统帅瓦德西承认："所有中国此次所受毁损及抢劫的损失，其详数将永远不能查出，但为数必将重大无疑。"

侵略者们在北京划区驻扎，要求所驻区域的所有中国人家必须悬挂占领国国旗。一时间，中国的首都扬起的是8个国家的旗帜。8月28日，八国联军竟开进紫禁城阅兵，国之大耻莫过于此！

1901年9月7日，在慈禧太后的授意下，李鸿章与列强签订更加丧权辱国的《辛丑条约》。中国自此彻底沦为半殖民地半封建社会，给国家和人民带来了空前沉痛的灾难。

农民阶级的太平天国运动

帝国主义侵略、压迫中国人民的过程，同时也是中国人民反抗它们的侵略、压迫的过程。救亡图存，成了一代又一代中国人面临的神圣使命。为了捍卫民族生存的权利，实现民族复兴，中国的各阶级都开始了对国家出路的探索。

清王朝失败的苦难不可避免地转嫁到了农民的身上，迫使他们成为率先揭竿而起的力量。

鸦片战争失败以后，为支付对列强的巨额赔款，同时也为了弥补财政亏空，清政府加重了赋税的征收，农民的负担更为沉重。残酷的压迫和剥削，迫使广大人民尤其是农民群众走上反抗斗争的道路。

1843年，洪秀全撷取原始基督教教义中反映下层民众要求的平等思想和某些宗教仪式，从农民斗争的需要出发，加以改造，创立了拜上帝教，并利用它发动和组织群众。

1851年1月，洪秀全率拜上帝教教众在广西省桂平县金田村发动起义，建号太平天国。随后，太平军从广西经湖南、湖北、江西、安徽，一直打到江苏，席卷6省，于1853年3月占领南京，定为首都，改名天京。太平天国农民政权正式宣告建立。

太平军在进军的征途中，坚决镇压和打击官僚、豪绅、地主，焚烧衙门、粮册、田契、债券，有力地冲击了封建统治秩序。太平军纪律严明，所过之处，"以攫得衣物散给贫者……谓将来概免租赋三年"，这使太平军受到群众的欢迎和拥护。因此，太平天国运动得到了迅速的发展。

太平天国定都天京后，先后进行了北伐、西征和天京城外的破围战。到1856年上半年，除北伐失利外，太平军在湖北、江西、安徽和天京附近等战场都取得了重大胜利，控制了大片地区，达到了军事上的全盛时期。

在太平军取得重大胜利的同时，太平天国内部潜在的矛盾和弱点也日益明显地暴露出来。1856年9月，发生了太平天国内部自相残杀的天京事变，这次事变严重地削弱了太平天国的领导和军事力量，成为太平天国由盛转衰的分水岭。

为重整纲纪、挽救危局，洪秀全提拔了陈玉成、李秀成等一批具有军事才干的青年将领，1859年又封洪仁玕为干王，总理朝政。但是，这已经无法从根本上挽回败局。1864年6月，洪秀全病故。7月，天京被湘军攻破。太平天国起义失败。

太平天国运动虽然失败了，但是他冲击了清王朝的腐朽统治，同时还有力地打击了外国侵略势力。太平天国的领袖们拒绝承认不平等条约，严禁鸦片贸易。尤其是当中外反动派勾结起来向太平军举起屠刀时，他们毫不犹豫地同英、法军队和由外国军官组织和指挥的"常胜军""常捷军"进行英勇的斗争，使侵略者"呼救无人""梦魂屡惊"。

太平天国起义及其失败表明，在半殖民地半封建的中国，单纯的农民战争不可能完成争取民族独立和人民解放的历史任务。

地主阶级洋务派的洋务运动

战争的惨败、外交的屈辱，让统治中国的地主阶级不得不寻找以后的出路。他们中一些开明分子，从维护清政府统治的目的出发，掀起了一场以"自强"为口号的洋务运动。

洋务运动是在19世纪60年代初清政府镇压太平天国起义的过程

中和第二次鸦片战争结束后兴起的。为了挽救清政府的统治危机，封建统治阶级中的部分成员如奕䜣、曾国藩、李鸿章、左宗棠、张之洞等，主张引进、仿造西方的武器装备和学习西方的科学技术，创设近代企业，兴办洋务。这些官员被称为"洋务派"。

为了"自强""求富"，从19世纪60年代到90年代，洋务派举办的洋务事业归纳起来主要体现在下述两个方面。

（一）兴办近代企业

洋务派首先兴办的是军用工业，这些企业都是官办的，其中规模较大的有5个。1865年由曾国藩支持、李鸿章筹办的上海江南制造总局，是当时国内最大的兵工厂；同年，李鸿章在南京设立金陵机器局；1866年，左宗棠在福建创办的福州船政局（附设有船政学堂）是当时国内最大的造船厂；次年，崇厚在天津建立天津机器局；1890年，张之洞在汉阳创办湖北枪炮厂。

洋务派还兴办了一些民用企业。这些企业除少数采取官办或官商合办的方式外，多数都采取官督商办的方式。其中最重要的官督商办企业有轮船招商局、开平矿务局、天津电报局和上海机器织布局等，由李鸿章筹办或控制。这些官督商办的民用企业虽然受官僚的控制，发展受到很大限制，但基本上是资本主义性质的近代企业。

（二）建立新式海陆军

19世纪60年代，京师和天津、上海、广州、福州等地的军队纷纷改用洋枪、洋炮，聘用外国教练。李鸿章的淮军、左宗棠的湘军也是用洋枪装备的军队。

1874年，日本派兵侵犯中国台湾，清政府筹办海防、建设

曾国藩推进洋务运动，在上海与李鸿章合办江南制造总局，它是晚清中国最重要的军工厂。

海军之议随之兴起，从19世纪70年代到90年代，分别建成福建水师、广东水师、南洋水师和北洋水师。其中北洋水师是清政府的海军主力，拥有舰艇20多艘，这支舰队一直归李鸿章管辖。

洋务运动历时30多年，虽然办起了一批企业，建立了海军，但却没有使中国富强起来。甲午战争一役，洋务派经营多年的北洋海军全军覆没，标志着以"自强""求富"为目标的洋务运动的失败。

洋务运动不可能为中国摆脱贫弱找到出路，也不可能避免最终失败的命运。

资产阶级维新派的维新运动

甲午战争的惨败，造成了中国新的民族危机，激发了新的民族觉醒。

在内忧外患的冲击和中西文化的碰撞过程中，人们逐步形成了一个共识：要救国，只有维新，要维新，只有学外国。那时的外国只有西方资本主义国家是进步的，它们成功地建设了资产阶级的国家。日本向西方学习有成效，中国人也想向日本学。在这样的历史条件下，资产阶级的改良思想迅速传播开来，逐步形成变法维新的思潮，并发展成一场变法维新的政治运动。

以康有为、梁启超、谭嗣同、严复等为主要代表人物的资产阶级维新派，采取了下列行动宣传维新主张：（一）向皇帝上书。如康有为曾多次向光绪皇帝上书，他在1895年曾联合在京参加会试的举人共同发起"公车上书"。（二）著书立说。如康有为写了《新学伪经考》《孔子改制考》，梁启超写了《变法通议》，谭嗣同写了《仁学》，严复翻译了赫胥黎的《天演论》等。（三）介绍外国变法的经验教训。如康有为向光绪皇帝进呈了《日本变政考》《俄彼得变政记》《波兰分灭记》等书。（四）办学会。著名的有强学会、南学会、保国会等。（五）设学堂。重要的有康有为主持的广州万木草堂、梁启超任中文总教习的长沙时务学堂等。（六）办报纸。影响最大的有梁启超任主笔的上海《时务报》、严复主办的天津《国闻报》以及湖南的《湘报》等。维新派以各种方式宣传变法主张，制造维新舆论，培养变法骨干，组织革新力量，而重点则放在争取光绪皇帝及其周围的帝党官员的支持上，希望通过他们自上而下地实行变法主张。

为了宣传维新思想，维新派与守旧派之间展开了一场激烈论战。论战主要围绕以下三个问题展开，即要不要变法；要不要兴民权、设议院，实行君主立宪；要不要废八股、改科举和兴西学。通过论战，西方资产阶级社会政治学说在中国得到进一步的传播，戊戌变法运动的帷幕随之拉开。

由于民族危机越来越严重，在维新派的推动和策划下，富有爱国心、想要有所作为但又无实权的年轻的光绪皇帝也希望通过变法维新来救亡图存，并从以慈禧太后为首的后党手中夺取统治大权。1898年6月11日，他颁布了"明定国是"谕旨，宣布开始变法，并接连发布了一系列推行新政的政令，史称戊戌变法，又称"百日维新"。

戊戌变法是一场资产阶级性质的改良运动。但是，在光绪皇帝发布的新政诏令中，并没有采纳维新派多次提出的开国会等政治主张。这些政令和措施并未触及封建制度的根本，所要推行的是一种十分温和的不彻底的改革方案。

维新派试图通过光绪皇帝推行的这种改革方案，遭到了封建守旧势力的激烈反对。光绪皇帝所颁布的新政命令，由于中央和地方守旧官僚们的抵制，大多未能付诸实施。聚集在慈禧太后周围的守旧势力力图对维新派进行反击和镇压。

经过密谋策划，守旧势力于1898年9月21日发动政变。慈禧太后以"训政"的名义，重新独揽大权，将光绪皇帝软禁于中南海瀛台，同时下令搜捕维新派人士。康有为、梁启超被迫逃亡海外。9月28日，谭嗣同、刘光第、林旭、杨锐、杨深秀、康广仁6人同遭杀害，史称"戊戌六君子"。临刑前，谭嗣同悲壮地说："有心杀贼，无力回天，死得其所，快哉！快哉！"表现了为变法维新而献身的大无畏精神。

"百日维新"如同昙花一现，只经历了103天就夭折了。除京师大学堂（北京大学的前身）被保留下来以外，其余新政措施大都被废除，维新派人士和参与或同情变法的官员，或被囚禁，或被革职，或遭放逐。以慈禧太后为首的保守势力扼杀维新变法的政变，史称"戊戌政变"。戊戌维新运动宣告失败。

戊戌维新的失败再次暴露出清朝统治集团的腐朽与顽固，"戊戌六君子"流血的教训促使一部分人放弃改良主张，开始走上革命的道路。此后，孙中山领导的资产阶级民主革命，就进一步发展起来。

资产阶级革命派的辛亥革命

戊戌维新运动失败后，以孙中山为代表的革命派在中国掀起了一场声势浩大的资产阶级革命运动。

1894年11月，孙中山到檀香山组建了第一个革命团体兴中会，立誓"驱除鞑虏，恢复中国，创立合众政府"。1905年8月20日，孙中山和黄兴、宋教仁等人以兴中会和华兴会为基础，在日本东京成立中国同盟会。这是近代中国第一个领导资产阶级革命的全国性政党，它的成立标志着中国资产阶级民主革命进入了一个新的阶段。同盟会的政治纲领是"驱除鞑虏，恢复中华，创立民国，平均地权"。1905年11月，在同盟会机关报《民报》发刊词中，孙中山将同盟会的纲领概括为三大主义，即民族主义、民权主义、民生主义，后被称为三民主义。

孙中山领导的同盟会不仅提出了革命纲领，而且还积极地从事实际的革命活动，先后发动了多次武装起义。这些起义虽然相继失败，但却产生了广泛的影响。其中影响最大的是1911年4月27日举行的广州起义。是日，黄兴率敢死队120余人在广州举行起义，起义人员大部在激战中牺牲，其中72位烈士的遗骸被葬于黄花岗，史称"黄花岗起义"。

1911年5月，清政府借"国有"名义把铁路利权出卖给帝国主义，同时借此"劫夺"商股。这激发了湖北、湖南、广东、四川四省的保路风潮，加速了革命的爆发。由于革命形势已经成熟，湖北新军中的共进会和文学社两个革命团体决定联合行动，在武昌举行武装起义。

1911年10月10日晚，驻武昌的新军工程第八营的革命党人打响了起义的第一枪。起义军一夜之间就占领了武昌，取得首义的胜利。革命军在三天之内就光复了武汉三镇，成立了湖北军政府。

武昌起义掀起了辛亥革命的高潮，打开了清王朝统治的缺口。大江南北、长城内外，到处燃起革命的烈火。在一个月内，就有13个省以及上海和许多州县宣布起义，脱离清政府的统治。腐朽的清王朝迅速土崩瓦解。1912年2月12日，清帝被迫退位，在

中国民主革命先驱孙中山与夫人宋庆龄

中国延续了两千多年的封建帝制终于覆灭。

1911年底,孙中山从海外回到上海。独立各省的代表在南京选举孙中山为临时大总统。1912年1月1日,孙中山在南京宣誓就职,改国号为中华民国,定1912年为民国元年,并成立中华民国临时政府。

但是,在帝国主义的干涉下,在国内反动势力以及附从革命的旧官僚、立宪派的共同支持下,辛亥革命胜利的果实却被北洋军阀首领袁世凯所窃取,他建立了代表大地主和买办资产阶级利益的北洋军阀反动政权,南京临时政府只存在了三个月便夭折了。

辛亥革命的失败表明,资产阶级共和国的方案不能救中国,先进的中国人需要进行新的探索,为中国谋求新的出路。

第三章
英雄赞歌——争取自由与解放的斗争

就在中国人民在近代的黑暗中无助、彷徨之时，中国共产党诞生了，从此中国的命运便开始与中国共产党的命运紧紧联系在一起。在中国共产党的领导下，中国人民为了自由和解放，经过长期、艰苦、曲折的斗争，推翻了半殖民地半封建的社会制度，取得了新民主主义革命的胜利，创建了中华人民共和国，基本上完成了争取民族独立、人民解放的任务，从而为实现国家繁荣富强、全体人民共同富裕创造了前提，开辟了道路。

新文化运动

革命之启蒙必先从思想文化之启蒙开启。

辛亥革命的胜利果实被袁世凯窃取后，军阀势力企图用封建思想禁锢人们的头脑以维护自己的统治，社会上出现一股尊孔读经、复古倒退的逆流，束缚着人们的思想、扼杀着民族的生机。同时，近代以来救亡图存运动的屡次失败，尤其是辛亥革命的失败，使一部分先进的中国人认识到，以往救国斗争之所以成效甚少，是因为中国国民"若观对岸之火，熟视而无所容心"，因此要想从根本上改造中国，就必须有文化的觉醒和思想的启蒙，使人们从封建思想的束缚中解放出来。

1915年9月，陈独秀在上海创办《青年杂志》（后改名为《新青年》），高举"民主"和"科学"旗帜，开始向封建思想、道德、文化宣战。《新青年》杂志会聚了一批当时知名且先进的知识分子，如李大钊、鲁迅、胡适、钱玄同等，发表了一系列启蒙性质的评论文章。以《新青年》的出版为标志，一场席卷南北的新文化运动在中华大地兴起。1917年1月，蔡元培就任北京大学校长后，聘请陈独秀担任文科学长，并召集了许多有新思想的学者

北京新文化运动纪念馆展出的陈独秀主撰的《新青年》杂志,它后来作为中国上海共产主义小组的机关刊物,与当时秘密编辑发行的《共产党》月刊互相配合,为中国共产党的成立作理论上的正式准备,《新青年》藉此成为共产主义刊物。

任教,《新青年》编辑部也由上海迁至北京。从此,北京大学和《新青年》编辑部成为新文化运动的主要阵地。

1918年1月15日,陈独秀在《新青年》上竖起了两杆大旗:"德先生"和"赛先生",也即民主和科学。他写道:"只有这两位先生，可以救治中国政治上、道德上、学术上、思想上一切的黑暗。若因为拥护这两位先生，一切政府的压迫，社会的攻击笑骂，就是断头流血，都不推辞。"

在新文化运动中，民主和科学这两大口号发挥了巨大作用。在这两面大旗的带领下，中国先进知识分子对封建主义文化进行了猛烈攻击，在整个社会掀起了一场前所未有的启蒙运动和空前深刻的思想解放运动，有力地打击和动摇了长期以来封建正统思想的统治地位，使中国的知识分子特别是广大青年一代受到了一次民主和科学思想的洗礼，打开了遏制新思想涌流的闸门。后随着新文化运动的发展，民主与科学被人们广泛熟知并接受，成为先进中国人探索救国道路的精神圭臬。

五四爱国运动

1917年的中国，虽然前途依然黯淡，但是却发生了一件让中国人高兴的事情：第一次世界大战结束，中国虽然没有直接参战，但是凭借派出的20万劳工，也成为战胜国。中国人民满怀希望能够凭借战胜国的身份，废除一系列不平等条约，洗刷百年来的耻辱。然而，事实却给了中国人当头一棒。

1919年1月，巴黎和会召开。在中国人民的压力下，北洋政府派出的代表在会上提出废除外国在中国势力范围、撤退外国在中国军队和巡警、撤销领事裁判权、归还租界、取消中日"二十一条"等正义要求，但都遭到拒绝；后来中国代表又要求将德国战前在山东攫取的各项特殊权益归还中国，但和会却将德国在山东的租借地、胶济铁路和其他一切特殊权益都无条件转让给日本。

和会给予中国的,只是归还八国联军侵占北京时德国夺去的天文仪器而已。

中国人民的怒火被点燃了。

1919年5月3日,北京大学和其他十几所学校的学生代表举行集会,决定致电参加巴黎和会的中国代表,要求拒签合约,并一致同意次日举行示威游行。5月4日,3000多名学生齐聚天安门前示威,旗帜鲜明地喊出了"外争主权、内除国贼""取消二十一条""还我青岛"等口号。游行队伍准备前往日本驻华使馆抗议,受阻后便转向赵家楼胡同的曹汝霖住宅,痛打正在曹宅的卖国贼章宗祥,并"火烧赵家楼"。北洋军阀政府竟然出动大批军警镇压,逮捕学生32人。

但学生们并没有被吓倒,反而联合起来,从5月5日开始进行罢课,5月6日成立中等以上学校学生联合会,到街头举行爱国讲演、开展抵制日货等活动。北洋军阀政府非但没有回应学生的诉求,反而公然表彰曹汝霖并严令取缔爱国活动,又接连逮捕了几百名爱国学生。从6月3日开始,北京学生们重新走上街头讲演,天津、上海和其他城市的学生也纷纷响应。

6月5日,正当学生们坚持斗争的时候,上海工人举行罢工,支援学生的爱国运动,几日内,罢工人数就达到了六七万人。随后,北京、唐山、汉口、南京、长沙等地的工人也相继举行罢工,工人罢工浪潮席卷全国。在工人罢工的推动下,许多大城市中的商人也举行罢市。全国形成了罢工、罢课、罢市的"三罢"高潮。这标志着五四运动开始成为全国规模的群众性反帝爱国运动,运动的中心也由北京转到上海,主力由学生转为工人。

中国工人阶级作为独立的力量登上政治舞台,初步展示了自己的力量。在工人罢工、商人罢市、学生罢工的压力下,北洋军阀政府不得不妥协，释放了被捕的学生，并宣布罢免曹汝霖、章宗祥、陆宗舆三人；巴黎和会的中国代表也没有参加巴黎和约的签字仪式。五四运动取得了初步的胜利。

五四运动爆发于民族危难之际，以磅礴之力鼓舞了中国人民和中华民族实现民族复兴的志向和信心。但是，当时整个政治局面依然一片黑暗，"中国将向何处去"这一问题，比以往任何时候都更使人们感到紧迫和迷茫。

走上马克思主义道路

就在中国人无助、彷徨之时，十月革命一声炮响，给中国送来了马克思主义，中国先进分子终于找到了救国救民的真理。1918年，李大钊发表《庶民的胜利》和《布尔什维主义的胜利》两篇文章，宣称："试看将来的环球，必是赤旗的世界！"他将共产主义视为拯救中国的唯一良方。

在李大钊等人的影响和当时形势的推动下，一批爱国的进步青年，尤其是那些具有初步共产主义思想的知识分子，经过各自的摸索，逐步划清了资产阶级民主主义和无产阶级社会主义、科学社会主义和其他社会主义流派的界限，走上了马克思主义的道路。

1920年9月，陈独秀发表《谈政治》一文，指出由少数资本家所把持的共和政治为社会主义所代替"都是不可逃的运命"，公开宣布，"我承认用革命的手段建设劳动阶级（即生产阶级）的国家，创造那禁止对内对外一切掠夺的政治法律，为现代社会第一需要"。这表明，他站到马克思主义的旗帜下来了。

此时，湖南学生运动的领导人毛泽东的思想也逐渐发生了变化。他说:"我第二次到北京期间,读了许多关于俄国情况的书。我热心地搜寻那时候能找到的为数不多的用中文写的共产主义书籍。有三本书特别深地铭刻在我的心中,建立起我对马克思主义的信仰。"这三本书分别是《共产党宣言》《阶级斗争》和《社会主义史》。"1920年冬天,我第一次在政治上把工人们组织起来了,在这项工作中我开始受到马克思主义理论和俄国革命历史的影响的指引。"

天津学生领袖周恩来说,到欧洲以后,"对于一切主义开始推求比较",到1921年秋,终于"定妥了我的目标"即共产主义。他表示,"我认的主义一定是不变了,并且很坚决地要为他宣传奔走"。

一部分原中国同盟会会员、辛亥革命时期的活动家也开始信仰马克思主义,其代表为董必武等人。董必武回忆说,"我们过去和孙中山一起搞革命","革命发展了,孙中山掌握不住,结果叫别人搞去了"。读了许多关于十月革命的书籍后,才"逐渐了解俄国革命中列宁党的宗旨和工作方法与孙中山先生革命的宗旨和工作方法迥然不同",于是就开始"想俄国与中国问题,开始谈马克思主义"。吴玉章、林伯渠等也有类似的思想经历。

中国的先进分子选择了马克思主义,这是具有伟大历史意义的事件。毛泽东指出:"自从中国人学会了马克思列宁主义以后,中国人在精神上就由被动转入主动。从这时起,近代世界历史上那种看不起中国人,看不起中国文化的时代应当完结了。"

中国共产党诞生

1920年2月的一个凌晨,从北京朝阳门驶出一辆旧式带篷骡车,向天津方向驰去,卷起了一路行尘。骡车上坐着两位乘客,一位40岁左右模样,长袍外套着一件棉背心,头上低低地压着一顶呢帽,看上去像是个老板;另一位年龄看上去要小一些,微胖的脸庞蓄着八字胡,戴一副金边眼镜,随身的几本账簿,像是一个年前随老板外出收账的账房先生。此时正是年关收账之际,谁也没有想到这两个不起眼的人物竟是当时中国思想界的两个领军人物、后来中国共产党的两位创始人——陈独秀和李大钊。

车里的陈独秀和李大钊一边赶路、一边交谈,当说到中国革命前途时,两人达成了一个对后来影响深远的共识:要建立一个无产阶级的政党,领导中国人民的革命!这就是后来"南陈北李,相约建党"的佳话。后来,陈独秀致信李大钊,询问该给党取个什么名字。李大钊的回信掷地有声:"就叫共产党!"

1921年7月23日,中国共产党第一次全国代表大会在上海法租界贝勒路树德里3号(现为兴业路76号)正式开幕,后转移到浙江嘉兴南湖的一艘游船上。党的一大通过了党的第一个党纲,这一党纲集中体现了党的初心和使命:规定党的奋斗目标是推翻资产阶级专政,建立无产阶级专政,最终实现共产主义;明确党的中心任务是领导工人运动。

中共一大的召开标志着中国共产党的正式成立,这是中国历史上开天辟地的大事变。自从有了中国共产党,中国革命的面目就焕然一新了。

为进一步讨论和确定党在民主革命时期的纲领问题,1922年7月,中共在上海召开第二次全国代表大会。会议确定了中国共产

上海中共一大会址

党的最高和最低纲领：中国共产党的最高纲领是建立共产主义；最低纲领是打倒军阀，摆脱帝国主义压迫，建立真正的民主共和国。这是中国历史上第一次明确提出的比较完整的反帝反封建的民主革命纲领，使中国革命的形势向着更清晰的道路前行。

中国共产党一经成立，就把组织工农运动作为自己的历史使命。虽然她还处于幼年时期，但是她的党员已经开始深入到下层劳动群众之中，做艰苦的群众工作，举办工人夜校，成立工人俱乐部，领导工人罢工。

中国人民和中国历史选择了中国共产党，选择了马克思主义，选择了社会主义道路，这是一条崭新的路，也是一条艰难的路。后来的历史证明了，这是最正确的选择。

第一次国共合作的实现

尽管新成立的中国共产党满腔热情，但是由于敌人的强大，它所领导的一系列工人运动在帝国主义和北洋军阀的联合绞杀下，皆遭失败。这使中国共产党人认识到，要推翻帝国主义和封建军阀势力在中国的统治，实现民族独立和人民解放，仅仅依靠当时力量弱小的工人阶级的力量，是远远不够的，必须采取积极的步骤，联合孙中山领导的中国国民党等民主力量，建立工人阶级和民主力量的联合阵线。此时，中国共产党的上级组织——共产国际，也积极推动中国共产党同国民党进行合作。

而这时的孙中山，在辛亥革命失败后，奔走南北、多方呼号，希望借助一些地方实力派打倒北洋军阀，然而他收获的只是一次次的背叛和失败。尤其是在1922年6月，被孙中山寄予厚望的陈炯明叛变，炮轰孙中山位于广州观音山的总统府，将他赶到一艘军舰上避难。英、美帝国主义也落井下石，逼迫孙中山避难所乘的军舰离开珠江白鹅潭。这次叛变，是孙中山一生革命事业中所遭受的最惨重的失败，帝国主义的所作所为，使他从美、英、日等国得到援助的幻想也宣告破灭。

被帝国主义和地方军阀多次背叛的孙中山，不得不重新寻求革命的出路，寻找新的革命同盟者。五四运动的爆发，马克思主义在中国的传播，中国工人阶级登上政治舞台和新生的中国共产党的力量，让孙中山又看到了新的希望，因此他决心联合共产党，对国民党进行改组，走新的革命道路。

在苏联的牵线下，1922年8月23日，李大钊走进上海香山路7号，同孙中山促膝长谈，确立了两党合作的基本方向。

1923年6月，中共三大通过了《关于国民运动及国民党问题的决议案》，决定共产党员以个人身份加入国民党，"但仍旧保存我们的组织，并须努力从各工人团体中，从国民党左派中，吸收真有阶级觉悟的革命分子，渐渐扩大我们的组织，谨严我们的纪律"，明确同国民党的合作方式为"党内合作"。

1924年1月，国民党一大确立了"联俄、联共、扶助农工"的三大革命政策，并确认了共产党以个人身份加入国民党的原则，标志着第一次国共合作的正式形成。此后，以广州为中心，汇集全国的革命力量，很快开创出反帝反封建的革命新局面。

国共合作的实现，促进了工农运动的恢复和发展。为了造就革命武装的骨干力量，在共产党人建议下，国民党一大决定创办一所陆军军官学校。这所学校设在广州附近的黄埔岛上，所以通常被称为黄埔军校。1924年5月，黄埔军校开学，孙中山亲自兼任总理，蒋介石为校长，廖仲恺为党代表，周恩来为政治部主任。

黄埔军校造就了一批具有爱国思想和革命精神的、有别于旧式军队人员的革命军人。

1925年3月12日，孙中山在北京病逝。他在遗嘱中明确表示，为了完成国民革命，"必须唤起民众及联合世界上以平等待我之民族，共同奋斗"。孙中山的逝世，在全国人民中引起巨大的悲痛，国共两党组织各界群众举行哀悼纪念活动，广泛传播孙中山的革命精神，一时在各界民众中形成大规模的革命宣传运动。

大革命的高潮，就要到来了。

国民大革命的高潮与失败

在国共两党的共同推动下，全国上下很快就掀起了反对帝国主义和封建军阀的革命新高潮，国民革命思想在全国广泛传播，人民的革命热情普遍高涨。

当时间来到1925年，国民大革命的火种因为一次事件，发展成熊熊火焰，在全国范围内传播蔓延，终成燎原之势。这一事件，就是五卅运动。1925年2月，上海22家日商纱厂工人先后举行罢工。为应对不断高涨的工人运动，1925年5月15日，日本资本家宣布内外棉七厂停工，不准工人进厂。共产党员顾正红率领工人冲进工厂要求复工和发工资，他跑在工人队伍的最前头领头高呼："反对东洋人压迫工人！"日本大班凶狠地朝顾正红开枪，残忍地将他杀害。

顾正红的壮烈牺牲激起了工人们的愤怒，他们当天随即举行罢工，以示抗议，这成为五卅运动的导火线。后来，五卅运动的浪潮席卷全国，约有1700万人直接参加了运动，从城市到乡村，到处响起"打倒帝国主义"的怒吼，轰轰烈烈的国民大革命也达到了最高潮。

就是在这样的形势下,浩浩荡荡的北伐大潮风起云涌。

打倒列强,打倒列强,除军阀,除军阀。
努力国民革命,努力国民革命,齐奋斗,齐奋斗。
工农学兵,工农学兵,大联合,大联合。
打倒帝国主义,打倒帝国主义,齐奋斗,齐奋斗。
打倒列强,打倒列强,除军阀,除军阀。
国民革命成功,国民革命成功,齐欢唱,齐欢唱。

在这首《国民革命歌》的高亢歌声中,1926年7月,国共两党组成的国民革命军誓师北伐。北伐军打出"打倒列强、除军阀"的口号,以势如破竹之势迅速胜利进军,相继击溃吴佩孚和孙传芳两大军阀势力,于1927年3月占领上海,长江以南地区完全为北伐军占领。以国共两党合作为基础,以反对帝国主义、反对北洋军阀为目标的国民大革命取得初步胜利:北洋军阀的统治面临土崩瓦解的局面,帝国主义在华势力也受到沉重打击。

但是,人民的力量不仅使帝国主义列强胆战心惊,更使一些新的野心家感到莫名的恐惧。在风起云涌的大革命高潮下,罪恶的双手也悄悄地伸开。

1927年4月12日,在蒋介石的指使下,青帮的帮派分子向上海工人纠察队发起进攻,并大肆屠杀共产党员、国民党左派及革命群众,制造了震惊国人的四一二反革命政变。7月15日,汪精卫在武汉也发动反革命政变,并叫嚣着"宁可错杀千人,不可使一人漏网",大肆捕杀革命群众,制造一片腥风血雨。

在此后将近一年的时间里,被杀害的共产党员达2.6万人、群众近30万人，以蒋介石、汪精卫为代表的国民党右派的所作所为，令亲者痛、仇者快。

在白色恐怖之下，轰轰烈烈的国民大革命以失败而告终。

中国革命新道路的开辟

1927年，中华大地充满着血腥，也迎来了希望。

面对反动派的屠杀，年轻的中国共产党终于明白了"枪杆子里出政权"的真理，开始走向一条依靠自己的力量来完成民族复兴使命的道路。

1927年8月1日，周恩来、贺龙、朱德、刘伯承等人率领党直接影响和掌握的军队2万余人，举行南昌起义，打响了武装反抗国民党反动派的第一枪，用血与火的语言，宣告了中国共产党不畏强暴、坚持革命的坚强决心，使千百万革命群众在黑暗中又看到了高高举起的火把，重新燃起革命的希望。南昌起义标志着中国共产党开始进行武装斗争，是党独立地领导革命战争、创建人民军队和武装夺取政权的开端。

南昌起义后的第六天，中共中央八七会议在湖北汉口召开，会议确定了实行土地革命和武装起义的方针，毛泽东发言指出："以后要非常注意军事。须知政权是由枪杆子中取得的。"这成为后来党领导革命武装的指导方针。八七会议后，中国革命发生由大革命失败到土地革命战争兴起的历史性转变。

随后，中国共产党又相继领导了秋收起义、广州起义、海陆丰起义等武装起义。但是，由于党的经验不足，这些起义的目标都是夺取中心城市。各次起义均遭失败的结果，说明了这一道路

大革命失败后,1927 年 8 月 7 日,中共中央在湖北汉口召开紧急会议,史称"八七会议"。这次会议标志着中国革命从大革命失败到土地革命战争兴起的历史性转变。

在中国走不通。

中国革命的希望在哪里？城市还是农村？在不断调查与思考的过程中，毛泽东给出了答案。

1927年9月，秋收起义失败后，转移到文家市的毛泽东主持召开了前委会议，否定了夺取长沙的主张，决定把起义部队向南转移到敌人力量薄弱的农村地区，以保存革命力量。从进攻大城市到进攻农村地区，以毛泽东为主要代表的中国共产党人开始探索符合中国国情的斗争道路，这是中国革命史上的重大转折。9月下旬，毛泽东率领起义部队避开强敌，向罗霄山脉中段前进；经过三湾改编，整编后的军队继续南行，抵达宁冈县古城。毛泽东再次主持召开了前委扩大会议，决定在井冈山地区建立革命根据地。

与此同时，中国共产党领导的各地革命武装也纷纷在农村建立革命根据地。通过艰难的探索，到1930年上半年，中共逐步明确了大革命失败后中国革命的前进方向，农村包围城市、武装夺取政权的道路得到确立。

在进行革命实践探索的同时，毛泽东还从理论上逐步对中国革命的道路问题作出明确的说明。在《中国的红色政权为什么能够存在？》和《井冈山的斗争》两篇文章中，毛泽东论证了红色政权能够长期存在并发展的主客观条件，提出了工农武装割据的思想。以毛泽东为书记的中共红四军前敌委员会还明确地提出了"农村工作是第一步，城市工作是第二步"的思想。

农村包围城市、武装夺取政权道路的思想，是对1927年大革命失败后中国共产党领导的红军和根据地斗争经验的科学概括。它的提出，表明中国共产党人找到了一条符合中国实际情况的革命道路。

民族危亡

就在国民党将全部精力用来剿杀中共的时候，古老的中国却遭遇到巨大的民族危机。

1931年9月18日，张学良正在北京前门的中和戏院邀请英国驻华武官兰伯森观看梅兰芳的《宇宙锋》。戏看到一半，他匆匆离去。因为就在这一天，日本驻中国东北的侵略军——关东军在沈阳打响了入侵中国的枪声。

这一天的夜晚，关东军炸毁沈阳北郊柳条湖附近南满铁路的一段路轨，反诬中国军队破坏铁路。柳条湖的爆炸声刚响，日军立即按预定计划，分别向北大营和沈阳城区进攻。晚10时30分，日军迅速从西、南、北三面包围北大营，并占领了北大营的西北角。

但国民党政府给中国军队的命令是"不抵抗"。当前方将士询问如果日军要命怎么办？得到的回答是：要命就给他，军人以服从命令为天职。19日凌晨5时30分，北大营全部落入敌手。为了免遭日军毒手，不愿束手待毙的军人撤退了。

19日凌晨，日军的一个联队进攻沈阳。接到命令的沈阳防军大部都未抵抗。日军轻松入城，迅速占领兵工厂、航空处和东大营。6时30分，沈阳沦陷。其轻松和顺利程度，连日军都感到惊讶。

由于南京国民政府的不抵抗政策，近20万东北军不战而退，大片国土很快沦陷。日军侵占沈阳后，随即在不到4个月的时间，就占领了3倍于其国土的东北地区。为了更好地统治这一大片地区，11月，清朝末代皇帝溥仪被日本"请"到了东北，成为此后十余年日本帮助建立的伪满洲国的傀儡皇帝。

国土被侵占，民族受侮辱。而此时的国民政府却在奉行所谓"攘外必先安内"的基本国策。蒋介石调集了几十万精锐大军，对中国共产党及其军队展开了大规模的"围剿",最终迫使中共不得不离开江南的根据地,开启了二万五千里长征的战略大转移。蒋介石却还要赶尽杀绝,在不到两年的时间里,这支中国后来的希望之师从30多万人锐减到3万多人。

与国民政府的做法相反,英勇的中国共产党人一方面遭受着国民党军的"围剿",另一方面也在为挽救民族危亡进行着斗争。九一八事变后,毛泽东就代表中华苏维埃共和国临时中央政府发布《对日战争宣言》,正式对日宣战;随后,中共中央又连续发出多次宣言、决议和告人民书,号召全国人民动员、武装起来,反对日本帝国主义的侵略。在东北,中共组建了东北抗日联军,在极端困难的条件下,进行了长达14年的艰苦抗战。

吞并东北并没有满足日本的野心。就在国民党还在追剿红军的时候,得寸进尺的日军已经渗透到了华北。1935年,日本制造华北事变,使华北地区脱离国民政府的控制。随后,1937年7月7日,日本侵略者为了达到以武力吞并全中国的罪恶野心,借口一名士兵失踪,悍然炮轰宛平城,攻击卢沟桥,当地中国驻军第二十九军奋起抵抗。这就是震惊中外的卢沟桥事变。卢沟桥事变是日本全面侵华的开始,也是中国全民族抗战的开端。

卢沟桥事变后,日本帝国主义者开始全面侵华,不断向华北增兵,扩大侵略战争,并狂言"三个月灭亡中国"。7月下旬,日军大批增援部队到达中国。日本华北驻屯军的作战部署基本完成之后,为进一步发动侵华战争寻找新的借口,又在7月25日、26日蓄意制造了廊坊事件和广安门事件,大举进攻北平和天津。7月底,北平、天津失守,日军接着以30万兵力,沿平绥、平汉、津浦三条铁路向华北腹地大举进攻。同时,日本政府决定将战火迅速扩大至上海,8月13日,日军在虹口、杨树浦一带抢占有利地形,向中国军队进攻,发动八一三事变。淞沪会战由此开始,中国的抗战规模进一步扩大。

中华民族到了最危险的时候!

结成广泛的抗日民族统一战线

日本发动的全面侵华战争,使中华民族面临亡国的严重危险。面对亡国灭种的危险,是继续内战,还是共同对外,是摆在中国人民面前的紧迫问题。

在严峻的形势下,中国共产党坚定地高举抗日旗帜,逐步提出了全民族团结抗战的主张。1933年1月17日,中国共产党发表宣言,首次提出中国工农红军准备在三个条件下同任何武装部队订立共同对日作战的协议,开始为建立全民族的抗日统一战线而努力。

华北事变后,1935年8月1日,中华苏维埃中央政府和中共中央发表《中国苏维埃政府、中国共产党中央为抗日救国告全体同胞书》(即八一宣言),正确分析了国内形势,揭露了蒋介石集团在中华民族面临亡国灭种的危急关头,实行不抵抗的卖国政策,提出"停止内战,一致抗日"的主张;呼吁一切不愿当亡国奴的同胞联合起来,共同进行抗日救国斗争;同时还提出抗日救国的十大纲领。宣言首次比较完整地提出了中国共产党抗日民族统一战线的策略方针,得到全国各阶层人民的拥护和响应。

为迎接抗日救亡新高潮的到来,1935年12月17日至25日,中共中央在陕西安定县瓦窑堡召开政治局会议。会议讨论了抗日民族统一战线、抗日联军和国防政府等问题,通过了《中共中央关于目前政治形势与党的任务的决议》,确立了中国共产党抗日民族统一战线的战略、策略方针。

瓦窑堡会议后，中国共产党在领导日益高涨的抗日救亡运动浪潮的同时，尽可能地向国民党宣传抗日主张。1936年5月5日，中国共产党向国民党政府发出《停战议和一致抗日通电》，将"抗日反蒋"政策转变为"逼蒋抗日"政策。8月25日，中共中央公开发表《中国共产党致中国国民党书》，信中再次呼吁停止内战，建立抗日民族统一战线。

1936年12月12日，西安事变爆发，中国共产党迅速确定了和平解决的方针，并派周恩来、叶剑英等人赴西安谈判，迫使蒋介石作出"停止剿共，联红抗日"的承诺。西安事变的和平解决，成为扭转时局的关键，它表明在抗日的前提下，国共两党进行第二次合作成为不可抗拒的大势。

七七事变的第二天，中共中央就发布通电，号召全中国军民团结起来，抵抗日本的侵略。7月15日，中共代表将《中共中央为公布国共合作宣言》送交蒋介石。该《宣言》提出发动全民族抗战、实行民主政治和改善人民生活等三项基本要求，重申中共为实现国共合作的四项保证。17日，中共代表周恩来等人在庐山与蒋介石谈判。同一天，蒋介石发表了准备抗战的谈话。

1937年8月，中共中央在洛川召开政治局扩大会议，通过了《中国共产党抗日救国十大纲领》，提出了争取抗战胜利的全面抗战路线。8月25日，中共中央军委发布命令，中央红军改编为国民革命军第八路军（简称八路军），开赴华北抗日前线。10月间，又将在南方十三个地区的红军游击队改编为国民革命军新编第四军（简称新四军）。

1937年9月22日，国民党中央通讯社发表了《中共中央为公布国共合作宣言》。23日，蒋介石发表谈话，实际上承认了共产党的合法地位。

至此,抗日民族统一战线正式形成。在全世界联合起来反对法西斯的时代大潮中,国共两党为了民族大义,实现了第二次合作,共赴国难。

全民族抗日战争的胜利

随着抗日民族统一战线的结成,中国掀起了全民族抗战的浪潮。

七七事变后,日本侵略者依仗其军事上的优势,对华北和华中各地展开大规模的侵略行动,妄图"三个月内灭亡中国"。面对日军的疯狂进攻,中国共产党意识到必须用一场胜利来增强国人的抗战信心。

1937年9月24日深夜,山西平型关附近大雨如注,在没有庄稼的田野里,埋伏着刚刚改编完毕的八路军一一五师主力,他们正在静静等待着敌人的出现。25日上午7时,被称为"钢军"的坂垣师团的一部出现了。他们的师团长坂垣征四郎正是当年九一八事变的策划者。这支骄狂的部队毫无戒备,他们以为还会遇到东北不战而退的东北军,或者开战以来步步败退的中国军队,连尖兵都不派,大摇大摆如入无人之境。

不久,战斗打响了。他们遇到了一支完全不同的军队。没有子弹就用刺刀;刺刀弯了,就用枪托;枪托断了,就用石块砸碎日本兵的脑袋。排长牺牲了,班长顶上;班长牺牲了,老战士接着顶上。打到最后,只要站得起来的照样冲锋……

平型关大捷歼敌1000多人,打破了日军不可战胜的神话,使全国民心士气为之一振。

此后，国民党军队在正面战场发动多次会战牵制日军，共产党军队在敌后战场领导人民、开辟根据地严重消耗了日军。正面战场和敌后战场相互配合，逐步扭转了战争的局面。

但是，国民党内的顽固派从来没有放弃灭亡中国共产党的阴谋。随着抗战进入相持阶段，面对日本侵华方针由军事进攻为主、政治诱降为辅到政治诱降为主、军事进攻为辅的转变，国民党顽固派和投降派不断进行反共活动，从制造军事摩擦到向根据地发动大规模的武装进攻，连续制造了两次反共高潮。面对破坏合作抗日的阴影，中国共产党坚持抗战、团结、进步的方针，从军事上和舆论上对国民党顽固派的反共活动给予了坚决反击，粉碎了国民党的数次反共阴谋。

在中国共产党的坚持和斗争下，中国的抗日战争终于迎来了胜利的曙光。

1945年上半年，德、意法西斯的覆灭，使日本法西斯陷入完全孤立的境地。7月26日，中、美、英三国发表波茨坦公告，敦促日本投降。8月6日和9日，美国先后在日本的广岛和长崎各投下一枚原子弹。8月8日，苏联发表对日作战宣言。9日，苏联红军开赴中国东北战场，同中国军民一道对日作战，加速了彻底打败日本侵略者的进程。同日，毛泽东发表《对日寇的最后一战》的声明。随后，朱德发布七道全面反攻命令。中国抗日战争进入全面反攻阶段。根据延安总部的指示和命令，各抗日根据地军民向日、伪军发起猛烈的全面反攻，很快解放了大片国土。

终于，在1945年8月15日，日本天皇裕仁以广播的形式发布《终战诏书》，宣布日本无条件投降。9月2日，在东京湾的美国军舰密苏里号上，日本代表在投降书上签字。至此，中国的抗日

1945年9月9日,中国战区日军正式投降仪式在南京举行。

战争胜利结束,世界反法西斯战争也胜利结束。

抗日战争的胜利是近百年来中国人民第一次取得完全胜利的伟大的民族解放战争。在这场战争中,中国付出了巨大的民族牺牲,中国军民伤亡总数在3500万以上,直接经济损失超过1000亿美元，间接经济损失超过5000亿美元。

中国抗日战争的胜利，成为中华民族走向复兴的历史转折点，也对世界文明进步产生了重大而深远的影响。

十字路口的徘徊

抗日战争胜利后，中国走到了一个十字路口：是继续国民党的独裁统治，还是建立和平、民主、联合的新中国？

中国广大人民热切希望实现和平、民主，为建设新中国而奋斗。战后的政治形势，总的来说，对中国人民实现建设新中国的目标是有利的：中国人民的觉悟程度、组织程度空前提高，解放军发展到120万人，解放区人口扩大到1亿人；经过整风学习，中国共产党在毛泽东思想的基础上达到了高度的团结。中国人民克服一切困难，实现其基本历史要求的时机已经到来。

但是，通向新中国的道路仍然是崎岖、曲折的。

国民党统治集团作为大地主、大资产阶级的政治代表，其根本目标是使战后的中国恢复到战前的状态，即坚持蒋介石的独裁统治，继续走半殖民地半封建社会的老路。中国共产党及其领导的人民革命力量的存在和发展，成为其实现上述目标的主要障碍，还在抗战的中期、后期，蒋介石就开始采取避战观战以便保存实力、准备发动反共内战的方针。国民党的反共方针得到了美国政府的支持。抗战刚取得胜利，中国就面临着内战的危险。

以武力消灭共产党及其领导的人民军队和解放区政权，是蒋介石集团的既定方针。由于全国人民强烈要求和平、反对内战，国民党的军队大部分远在西南、西北后方，把他们运往内战前线、完成内战部署需要相当的时间，因此，蒋介石在积极准备内战的同时，又表示愿意与中共进行和平谈判。其目的，一是以此敷衍国内外舆论，掩盖其正在进行的内战准备；二是诱使中国共产党交出人民军队和解放区政权，以期不战而控制全中国；三是如果谈判不成，即放手发动内战，并把战争责任转嫁给中国共产党。

为建设人民当家作主的新中国而奋斗，这是中国人民的根本利益之所在。但是怎样去实现这个目标呢？中国共产党曾经希望通过和平的途径对中国进行政治社会的改革，逐步向新中国这个目标迈进。1945年5月中共召开七大时，毛泽东就提出，对蒋介石拟采取"洗脸"政策而不是"杀头"政策。8月24日，毛泽东根据时局变化进一步指出，抗战结束，和平建设阶段开始；中央正考虑同国民党进行谈判，避免内战，实现和平建国。8月25日，中共中央在《对目前时局宣言》中明确提出"和平、民主、团结"的口号。

1945年8月14日、20日、23日，蒋介石三次电邀毛泽东到重庆共商"国际国内各种重要问题"。为了争取和平民主，毛泽东不顾个人安危，于8月28日偕周恩来、王若飞赴重庆与国民党当局进行谈判。10月10日，双方签署《政府与中共代表会谈纪要》，即双十协定，确认和平建国的基本方针，同意"长期合作，坚决避免内战"。

1946年1月10日，国共双方下达停战令。同一天，政治协商会议（以下简称政协会议）在重庆开幕。以周恩来为首的中共代表团与民主同盟等民主党派和无党派人士的代表密切合作，同国民党当局认真协商，推动政协会议达成五项协议。

但是，国民党统治集团从来没有准备去履行政协协议。在1946年3月召开的国民党六届二中全会上，蒋介石命令他的追随者对政协协议"就其荦荦大端，妥筹补救"。他以扩大内战的行动，使政协协议成为一纸空文。

中国共产党争取和平民主的努力，尽管最终未能阻止全面内战的爆发，但使得各界群众增进了对中国共产党的了解，懂得了什么人应当对这场战争承担责任。

和平已无可能，历史的车轮只能由战争来驱动。

全面内战和人民解放战争的胜利

1946年6月底，国民党军以进攻中原解放区为起点，挑起了全国性的内战。同年10月11日，国民党军占领华北解放区重镇张家口。蒋介石于当天宣布11月12日召开由国民党一手包办的"国民大会"。次年3月，国民党当局限期令中共驻南京、上海、重庆三地代表及工作人员全部撤离。至此，一切和平谈判之门都被国民党关闭，国共关系彻底破裂。

全面内战爆发时，国民党参谋总长陈诚曾经扬言："也许3个月，至多5个月，便能解决整个中共部队。"

陈诚的话是狂妄的，但是当时中国共产党面临的形势却真是极为严峻的。当时，国民党军的总兵力为430万人，它占有3.39亿以上人口、730万平方公里面积的地区，控制着几乎所有的大城市和绝大部分铁路交通线；它不仅接收了100余万日军和数十万伪军的装备，而且美国还为它训练和装备了50万军队。人民解放军的总兵力为127万人，装备基本上是缴自日军的步兵武器；解放区是被分割、包围的，在物质上得不到任何外援。正是凭着军力和经济力的优势，蒋介石声称，这场战争"一定能速战速决"。

但是，中国共产党是不会被吓倒的，面对国民党军队的咄咄逼人之势，毛泽东在同美国记者安娜·路易斯·斯特朗的谈话中提出了"一切反动派都是纸老虎"的著名论断，振奋了全党全军的必胜信心。

为了打退国民党对解放区的军事进攻，中共中央指出，在政治上，必须和人民群众亲密合作，必须争取一切可以争取的人，在党的领导下建立最广泛的人民民主统一战线；在军事上，必须采取集中优势兵力、各个歼灭敌人的作战原则。

在中共中央的正确领导下，人民解放军先是打退了敌人的全面进攻，彻底粉碎了蒋介石迅速消灭革命军队的图谋。然后经过孟良崮战役和边区保卫战，击退了敌人对陕北、山东两解放区的重点进攻。随后，刘邓大军千里挺进大别山，揭开人民解放军战略反攻的序幕。经过辽沈、淮海、平津三大战役，国民党赖以维持其反动统治的主要军事力量基本被摧毁。

伴随着军事上的崩溃，国民党统治区的民主运动风起云涌，国民党的政权在全国迅速溃败，陷入了人民战争的汪洋大海之中。

1949年4月23日，中国人民解放军解放南京。国民党在中国大陆22年的统治宣告结束，蒋介石只能灰溜溜地跑到了台湾。

经过28年艰苦卓绝的斗争，中国人民终于迎来了民主革命的全面胜利，即将走上当家作主的新道路。

中华人民共和国的成立

1948年5月，转战陕北的毛泽东率领中共中央机关东渡黄河，来到了河北西柏坡。

在三大战役胜利结束、解放战争即将取得全国胜利的前夕，

1949年10月1日，毛泽东主席在天安门城楼上向全世界庄严宣告："中华人民共和国中央人民政府今天成立了。"

马上就要在全国执政的中国共产党在西柏坡召开了中共七届二中全会。会议规定了中国共产党在全国胜利后在政治、经济、外交方面应当采取的基本政策,指出了中国由农业国转变为工业国、由新民主主义社会转变为社会主义社会的发展方向。在这次会议上,毛泽东提出了"两个务必"的思想,即"务必使同志们继续地保持谦虚、谨慎、不骄、不躁的作风,务必使同志们继续地保持艰苦奋斗的作风"。在胜利面前,毛泽东保持着清醒的头脑。他告诫全党,必须警惕糖衣炮弹的攻击。他把进北平比作"进京赶考",说"我们决不当李自成,我们都希望考个好成绩"。

为了筹备建立新中国,1949年9月21日,中国人民政治协商会议在北平隆重召开,中国共产党和各民主党派团结一致共商建国事宜。经过十天的讨论、协商,会议通过了《中国人民政治协商会议共同纲领》,选举出了中华人民共和国主席、副主席和政府委员。会议还通过四项决议案:中华人民共和国的国都定于北平,将北平改名为北京;中华人民共和国采用公元纪年;在中华人民共和国的国歌正式制定前,以《义勇军进行曲》为国歌;中华人民共和国的国旗为五星红旗,象征中国革命人民大团结。1949年9月30日,中国人民政治协商会议圆满完成创建中华人民共和国的光荣使命,胜利闭幕。

1949年10月1日,开国大典在天安门广场隆重举行。毛泽东向全国和全世界宣告:中华人民共和国中央人民政府今天成立了!

新中国的成立,标志着近代以来中国面临的争取民族独立、人民解放这个历史任务已经基本完成,这就为中国人民集中力量进行建设,以实现国家的繁荣富强和人民的共同富裕,创造了前提,开辟了道路。

中华民族从此迎来了历史新纪元。

第四章

涅槃重生
——新中国的成立与社会主义制度的建立

中华人民共和国的成立，为中国的进步和发展创造了最重要的政治前提。毛泽东满怀信心地宣告："中国人民将会看见，中国的命运一经操在人民自己的手里，中国就将如太阳升起在东方那样，以自己的辉煌的光焰普照大地，迅速地荡涤反动政府留下来的污泥浊水，治好战争的创伤，建设起一个崭新的强盛的名副其实的人民共和国。"

新生政权的巩固

1949年10月1日，这一天的北京成为欢乐的海洋。从下午3点到晚上10点，庆祝中华人民共和国成立的开国大典持续了整整7小时。在隆隆的礼炮声中，五星红旗冉冉升起在天安门前，中国人民终于以自由之身屹立于世界的东方。

新的政权建立了，但是建设政权的任务却更加紧迫。就如毛泽东在开国大典后回到住处时对卫士说的："我们用了28年办了一件大事，把三座大山搬掉了，也就是头上的问题解决了，下一步要解决脚下的问题了。解决脚下的问题任务还很重，建设我们这样大的国家要花大的力气。"

巩固新生政权的第一件大事就是彻底消灭国民党的反动残余，解放全中国。开国大典的礼炮声犹闻在耳，人民解放军便继续进军，以雷霆万钧之势扫荡残敌。到1949年底，华南、西南、西北大部分国土都获得解放；1950年5月，海南岛解放；1951年5月，西藏和平解放。至此，中国除台湾和一些沿海岛屿、香港、澳门外，终于结束了三十多年的分裂和混乱局面，再一次实现了统一。

1952年底，全国的土地改革基本完成，在中国延续几千年的封建土地制度彻底废除，农民真正成为土地的主人。图为四川金堂县农民欢迎土改工作队进村。

　　第二件大事是进行民主化改革。在追剿残余敌人、基本完成祖国大陆统一任务的基础上，摧毁旧政权，普遍召开地方各级各界人民代表会议，人民开始行使当家作主的民主权利。继续实行土地制度的改革，先后使3亿多无地少地的农民无偿地获得了约7

亿亩土地和大量其他生产资料，占中国绝大多数人口的农民群众获得了翻身解放。制定《中华人民共和国婚姻法》，废除封建婚姻制度，使广大妇女获得婚姻自由的权利。开展大规模的镇压反革命运动，基本上肃清了国民党遗留在大陆的反动势力。长期危害人民生命财产安全的200多万土匪，仅在两年多的时间内就被次第肃清。旧社会留下的污泥浊水受到有力的荡涤，健康文明的社会新风尚开始树立，人民的精神面貌焕然一新。

第三件大事是恢复经济。经过长期的战争，新中国从旧中国接收过来的是一副烂摊子；许多工厂倒闭，大批工人失业，通货膨胀，物价飞涨，人民生活遇到极大的困难。为恢复经济，新成立的人民政府没收官僚资本，在企业内部开展民主改革和生产改革，确立起社会主义性质的国营经济在国民经济中的领导地位，使人民政权拥有了相当重要的经济基础。同时，开展了稳定物价的斗争和统一全国财政经济的工作。到1950年3月，物价即基本稳定，从而治愈了旧中国无法医治的顽症，解除了人民过了几十年的因物价飞涨而带来的痛苦生活，使国家和国营经济掌握了市场的主导权；初步建立起集中统一的国家财政管理体制，以利于统一调度全国的财力、物力，集中力量办好大事。到1952年底，国民经济得到全面恢复和初步发展。

第四件大事是制定实施新的外交方针。新中国废除了帝国主义国家依据不平等条约在中国享有的一切特权；收回了外国列强在中国的兵营，驻扎在中国领土上的一切外国军队被迫撤走；收回了海关治权，中国人民重新掌握了国门的钥匙。这些都从根本上改变了旧中国"跪倒在地上办外交"的局面。针对美国等国封锁、遏制新中国发展等情况，以毛泽东为主要代表的中国共产党人提出了"另起炉灶""打扫干净屋子再请客"和"一边倒"的外交方针。新中国同苏联订立了《中苏友好同盟互助条约》，在收回旧政权丧失的国家权益的基础上，建立了平等互助的新型中苏同盟关系。

新中国成立初期所进行的上述工作及其取得的显著成就有力地证明，中国共产党和人民政府是能够经受住执政的考验的。

抗美援朝

正当一切工作都逐步走向正轨之际，新中国却受到了外敌入侵的严重威胁。

1950年6月25日，朝鲜内战爆发，美国立即出兵干涉，同时派其海军第七舰队侵入台湾海峡，公然干涉中国内政。随后，美国操纵联合国组成所谓"联合国军"，扩大侵朝战争，悍然越过三八线，进逼中朝边境的鸭绿江和图们江，直接威胁到了新中国的国家安全。

在危急情况下，朝鲜劳动党和政府两次请求中国出兵支援。但是，当时中美两国实力差距悬殊，如果出兵朝鲜有可能会打乱中国各方面的部署。军情紧急，1950年10月的上半月，中共中央政治局在毛泽东的主持下进行了多次、反复的讨论。当时的情况是台湾已经被美国控制，如果朝鲜再被它占领，那中国就完全处于美国势力的南北夹击态势之下，国家安全就从根本上失去了保障。经过反复权衡，中央政治局一致决定："应当参战，必须参战。参战利益极大，不参战损害极大。"随后，中共中央作出抗美援朝、保家卫国的决策，并组建了以彭德怀为司令员兼政委的中国人民志愿军。

1950年10月19日傍晚,黄昏暮色中,中国人民志愿军雄赳赳气昂昂跨过鸭绿江,奔赴抗美援朝战场,中朝部队胜利会师。

1950年10月18日,毛泽东下达入朝作战的命令,19日,志愿军跨过鸭绿江,开始赴朝作战。在抗美援朝战争中,广大志愿军战士在衣被单薄、粮弹缺乏、环境恶劣的极端艰苦条件下,顽强地同敌人作战,经过五次战役,到1951年6月,基本把战线稳定在三八线附近。美军在遭受严重损失和国际压力的情况下,被迫开始和谈。朝鲜战争进入边打边谈阶段。随后,志愿军战士继续针锋相对、以打促谈,重创美军,有力地配合了停战谈判。在遭到空前的严重失败后,美国不得不于1953年7月27日在朝鲜停战协定上签字。

在朝鲜前线的志愿军战士奋勇斗争的同时,中国国内广大的人民群众也在"抗美援朝、保家卫国"口号的鼓舞下,开展了轰轰烈烈的抗美援朝运动,为前方的战事筑起了坚固的后方堡垒。在"保和平,卫祖国,就是保家乡"的宣传教育下,全国各地掀起踊跃参加志愿军的热潮。全中国人民开展增产节约运动；工人们夜以继日地工作，生产各种军需用品、武器弹药；农民踊跃交售"爱国粮"，保障前线物资供应；广大爱国人士开展捐献飞机大炮运动。所有的这些爱国行动，都有力地支援了志愿军的作战。

抗美援朝战争的胜利极大增强了中国人民的民族自信心和自豪感，提高了中国的国际地位，正如彭德怀所说："西方侵略者几百年来只要在东方一个海岸上架起几尊大炮就可以霸占一个国家的时代是一去不复返了。"战争的胜利使帝国主义不敢再轻易侵犯中国，从而为中国的经济社会建设营造了一个相对稳定的和平环境。

向社会主义过渡

在中国建立起社会主义制度，是中国共产党在成立之初就作出的庄严承诺。

中国共产党最初的设想是先取得新民主主义革命的胜利，然后再进行社会主义革命，向社会主义转变。新中国的成立，标志着新民主主义革命的胜利，在考虑向社会主义转变的任务时，由于新成立的中国经济十分落后，所以中国共产党当时认为可能需要15年左右的时间才能考虑向社会主义过渡的问题。但是，当时间来到1952年的时候，中国发生的三种变化，促使中国共产党开始考虑提前向社会主义过渡的问题。

一是从1949年10月到1952年底，经过三年的艰苦奋斗，被战争严重破坏的国民经济迅速恢复，并得到进一步发展；土地改革在全国范围内基本完成，封建剥削土地制度基本被废除；朝鲜停战谈判双方在主要问题上达成协议，战争有望不久结束。这一切都为中国进行大规模经济建设提供了有利条件。

二是三年国民经济恢复期虽然成就很大,但是其间暴露出来了一些问题。在农村,土改以后一方面出现了某种程度的贫富差距,另一方面农民分散落后的个体经济难以满足城市和工业发展对粮食和农产品的大量需求。在城市,国家开始进行有计划的经济建设,需要把有限的资金、资源、技术投入到重点建设上来;而私人资本主义则要求扩大自由生产和贸易,这就不可避免地产生矛盾。因此,必须采取新的方针来解决这些问题。

三是经过三年经济发展,国民经济内部的关系发生了很大变化。城市中,国营经济开始在经济中占据优势,国营工业产值已经超过工业总产值的一半;私营经济大都开始了调整改造,私营金融业已经全部实行了公私合营,私营工商业开始有相当一部分被纳入初级形式的国家资本主义轨道。农村进行土地改革后,已经开始普遍开展互助合作,并初步显示了集体生产的优越性。这些状况表明,中国已经在某些方面开始初步对生产资料私有制进行社会主义改造。

以上的变化使中国共产党开始认识到,原来设想的过渡到社会主义前的10年到15年的新民主主义建设,其实就是向社会主义的过渡阶段。基于此点认识和大规模经济建设以及解决经济中出现的问题的需要,1953年6月15日,毛泽东在中央政治局扩大会议上,首次提出了党在社会主义过渡时期的总路线。随后于1954年2月召开的党的七届四中全会上,这条总路线被正式批准执行。

总路线的具体内容是"一化三改",即实现社会主义工业化,对农业、手工业和资本主义工商业进行社会主义改造。"一化"和"三改"是相辅相成的。工业化是强国的必由之路,没有工业化,其他建设就没有坚实的基础。但是,在分散落后的小农经济环境中，在力量弱小的民族资本主义的基础上，是不可能实现社会主义大工业的，要想实现工业化，就必须紧紧依靠国营大企业，并对农业、手工业和资本主义工商业进行系统的社会主义改造。

在过渡时期总路线的指引下，中国开始了向社会主义过渡的进程，掀起了大规模的经济建设浪潮。

奠定中国工业基础的"一五"计划

建立起独立完整的现代工业体系，是中国人一个世纪以来的梦想。

新中国成立的时候，第三次工业革命已经在世界范围内拉开了序幕，而中国还没能建立起完整的工业体系，不仅飞机、汽车、拖拉机不能建造，就连一块手表都制造不了，全中国都找不出一辆中国自己造的汽车。面对先进工业国的优势，新中国将何去何从？抗日战争和抗美援朝战争，让中国领导人下定决心，必须建立起现代化的工业体系。

新中国工业化的第一步，就是编制发展国民经济的第一个五年计划。这一计划在1951年就已着手制订。1955年7月召开的一届全国人大二次会议通过了这个计划。从当时中国的实际出发，"一五"计划规定：集中主要力量发展重工业，建立国家工业化和国防现代化的初步基础；相应地发展交通运输业、轻工业、农业和商业；相应地培养建设人才；保证在发展生产的基础上逐步提高人民的物质生活和文化生活水平。计划规定，五年内国家用于建设的投资总额为766.4亿元人民币，折合黄金7亿两。这在中国历史上是空前的。

建立现代工业体系，只靠当时中国自己的力量是远远不够的。1952年8月，周恩来率领中国代表团来到了莫斯科。经过8个月的艰苦谈判，中苏签订了《关于苏联援助中国发展国民经济的协定》。"一五"期间，在苏联的援助下，中国着重建设了一大批基础性的重点工程，为国家的工业化奠定了初步的坚实基础。鞍山、包头、武汉三大钢铁基地的建设取得重大进展。

到1956年，中国在工业建设上接连实现了具有历史意义的许多项零的突破。如第一座生产载重汽车的长春第一汽车制造厂建成投产，第一座制造机床的沈阳机床厂建成投产，第一座大批量生产电子管的北京电子管厂建成投产，第一座制造飞机的沈阳飞机制造厂成功试制第一架喷气式飞机。1957年，武汉长江大桥通车，从此铁路贯通中国南北。康藏、青藏、新藏公路先后建成通车，沟通了西藏和内地的联系。全国城乡呈现出一派建设的繁忙景象。

当时建成的这些大中型工业骨干企业，都是国家统一规划、统一投资的国营企业。这些建设成就，极大地增强和壮大了国营经济的领导力量，为顺利过渡到社会主义社会奠定了强大的物质基础。

第一个五年计划规定的到1957年应达到的指标，在1956年底就提前达到了。中国国内生产总值从1952年"一五"计划实施前的679亿元，跃升到1957年的1068亿元；财政收入从1952年的183.7亿元增长到1957年的310.2亿元。这一期间的主要工农业产品产量，也有大幅度提高。钢产量从135万吨增至535万吨；发电量从73亿千瓦时增至193亿千瓦时；货运量从3.516亿吨增至8.0365亿吨。

"一五"计划的完成，对于中国的工业化起步具有决定性作用。到20世纪60年代，中国已经初步建立起了一个独立、完整的民族工业体系。

社会主义制度的建立

社会主义的本质特征是公有制。因此，随着社会主义工业化建设的开展，对农业、手工业和资本主义工商业的社会主义改造，也迅速迈开了步伐。

从1951年12月开始，中共中央作出了一系列的决议，规定了农业社会主义改造的路线、方针和政策，农业社会主义改造在经历了互助组、初级社、高级社三阶段，到1956年底基本完成，全国加入合作社的农户达96.3%。手工业的社会主义改造从1953年11月开始至1956年底结束，全国90%以上的手工业者加入了合作社。资本主义工商业的社会主义改造，采取了"和平赎买"的政策，通过国家资本主义形式，逐步将其改造成社会主义公有制企业，而且将所有制改造与人的改造相结合，努力使剥削者成为自食其力的劳动者，到1956年底基本结束。

在有系统地推进社会主义改造的同时，中国的人民民主政治建设也在有步骤地向前推进，初步建立起了社会主义的政治制度。

1954年9月，中华人民共和国第一届全国人民代表大会第一次会议在北京召开。大会讨论并通过了《中华人民共和国宪法》。宪法规定："中华人民共和国是工人阶级领导的、以工农联盟为基础的人民民主国家。"人民代表大会制度这一新中国的根本政治制度从此建立，这成为新中国人民民主政治建设发展历程中具有标志性的事件。

1954年12月，中国人民政治协商会议第二届全国委员会一次会议在北京举行。大会通过的《中国人民政治协商会议章程》明确规定，政协"作为团结全国各民族、各民主阶级、各民主党派、各人民团体、国外华侨和其他爱国民主人士的人民民主统一战线的组织,仍然需要存在"。从此,中国人民政治协商会议既是中国人民爱国统一战线的组织,又是中国共产党领导的多党合作和政治协商的重要机构。这对于坚持和完善中国共产党领导的多党合作和政治协商制度,具有重要的意义。

中国是一个由56个民族组成的统一的多民族国家。据1953年人口普查的统计,除汉族以外,各少数民族的总人口为3500余万人,占全国总人口的6%,他们分布在占全国总面积60%的广大地区。1952年8月,《中华人民共和国民族区域自治实施纲要》公布施行。1954年一届全国人大一次会议通过的《中华人民共和国宪法》明确规定:"各少数民族聚居的地方实行区域自治。各民族自治地方都是中华人民共和国不可分离的部分。"民族区域自治制度的建立和成功实施,使中华民族实现了空前的团结和统一。

到1956年,随着社会主义改造的基本完成,中国继建立社会主义基本政治制度之后,社会主义的基本经济制度也建立起来了。这是中国进入社会主义社会的最主要的标志。

社会主义基本制度的建立,为当代中国一切发展进步奠定了根本的政治前提和制度基础。

社会主义建设的曲折

1956年,社会主义制度的确立,翻开了中国发展的新的历史篇章。接下来要做的事情,就是在一个新的历史起点上继续求索。这一年召开的中共八大,为下一步中国的发展确定了方向。

毛泽东在会上致开幕词:"我们这次大会的任务是,总结从七次大会以来的经验,团结全党,团结国内外一切可能团结的力量,为了建设一个伟大的社会主义的中国而奋斗。"

在这一思想指导下,中共八大正确分析中国国内形势和国内主要矛盾的变化,作出把国家的工作重点转移到社会主义建设上来的重大战略决策;坚持既反保守又反冒进,即在综合平衡中稳步前进的经济建设方针。

中共八大制定的党的路线是正确的,提出的许多新的方针和设想是富于创造精神的。但是,许多新的设想还没有付诸实施,或者没有充分付诸实施,很快又发生了反复。

根据中共八大的精神,1957年4月27日,中共中央下发《关于整风运动的指示》,决定在全党进行一次整风运动。开展这次活动的初衷是好的。但是,运动中有极少数人乘机向党和新生的社会主义制度发动进攻。6月,中共中央发出组织力量反击右派分子进攻的党内指示。对极少数右派分子的进攻实行坚决反击,是完全必要的和正确的。但是反右派斗争被严重地扩大化了,使党探索中国社会主义建设道路的良好开端遭受挫折。

1957年"一五"计划提前完成,极大地激发了中国人民在短时间内彻底改变祖国"一穷二白"面貌的斗志,增强了中国共产党人领导经济建设的自信心。1958年5月,中共八大二次会议通过"鼓足干劲、力争上游、多快好省地建设社会主义"的总路线,随后发动了"大跃进"运动和农村人民公社化运动。这样,以高指标、瞎指挥、浮夸风和"共产风"为主要标志的"左"的错误严重地泛滥开来。

"大跃进"运动忽视了经济发展规律,严重破坏了经济的正常发展,损害了人们生产的积极性。1958年秋冬之间,党中央开始发现"大跃进"和人民公社化运动中出了不少乱子。从1958年11月第一次郑州会议到1959年7月庐山会议前期,党中央作了初步纠正

1956年1月21日,上海市全行业公私合营后的第一天,全国最大的百货公司——永安公司门前热闹非凡。

涅槃重生——新中国的成立与社会主义制度的建立

"左"倾错误的努力。但这一纠偏过程被随后的"反右派"斗争中断,加上自然灾害和苏联政府背信弃义撕毁合同,中国面临着严重经济困难。

面对严峻的局势,1961年1月召开的中共八届九中全会正式决定对国民经济实行"调整、巩固、充实、提高"的八字方针。中国国民经济进入调整的新轨道。到1965年底,调整国民经济的任务全面完成。

从1956年到1966年全面建设社会主义的十年,是党对中国社会主义建设艰辛探索的十年,虽然经历曲折,仍取得了建设的巨大成就。

"文化大革命"

1966年,正当中国克服了国民经济的严重困难、完成经济调整任务、开始执行发展国民经济第三个五年计划的时候,"文化大革命"爆发了。

"文化大革命"的发动,主要考虑的是防止资本主义复辟、寻求中国自己的建设社会主义的道路。但是,由于对社会主义社会的建设发展规律认识不清楚,由于"左"的错误在理论和实践上的累积发展,很多关于社会主义建设的正确思想没有得到贯彻落实,最终酿成了内乱。

1965年11月10日,姚文元的文章《评新编历史剧〈海瑞罢官〉》在上海《文汇报》发表,成为"文化大革命"的导火线。1966年5月16日,中共中央政治局扩大会议通过的《中国共产党中央委员会通知》(简称"五一六通知"),系统地阐述了发动

"文化大革命"的主要论点。

1967年1月起,"文化大革命"进入"全面夺权"阶段,很快发展为"打倒一切"以致"全面内乱"的严重局面。

1970—1971年间发生的林彪反革命集团阴谋夺取最高权力、策动反革命武装政变的事件,客观上宣告了"文化大革命"理论和实践的失败。随后,周恩来在毛泽东的支持下主持中央日常工作,提出批判极左思潮,落实党的各项政策,使各方面的工作有了转机。

1973年8月后,江青与王洪文、张春桥、姚文元结成"四人帮",企图全面篡夺党和国家最高权力。1975年1月四届全国人大一次会议结束后,周恩来病重,邓小平在毛泽东、周恩来的支持下主持中共中央和国务院的日常工作,形势开始有了明显好转。

1976年1月8日,周恩来逝世,举国悲痛。"四人帮"竭力压制群众悼念活动,激起全国广大干部和群众的极大愤怒。清明节前后,爆发了以"天安门事件"为代表的悼念周总理、反对"四人帮"的群众运动。1976年7月6日,朱德逝世。1976年9月9日,毛泽东逝世。"四人帮"加紧进行夺取党和国家最高领导权的阴谋活动。10月6日晚,中共中央政治局执行党和人民的意志,对"四人帮"实行隔离审查。随后,粉碎"四人帮"的消息传达至全国。

"文化大革命"使党、国家和人民遭到新中国成立以来的最大挫折。历史已经判明,"文化大革命"是一场由领导者错误发动,被反革命集团利用,给党、国家和各族人民带来严重灾难的内乱,留下了极其惨痛的教训。

作为政治运动的"文化大革命"与"文化大革命"历史时期是有区别的。这一时期,中国国民经济出现较大起伏,但在党和

涅槃重生——新中国的成立与社会主义制度的建立

1976年10月24日，首都各界群众在天安门广场集会，热烈庆祝粉碎"四人帮"的胜利。

人民的共同努力下，各项工作在艰难中仍然取得了重要进展。

粉碎"四人帮"，结束了"文化大革命"，中国的社会秩序得以恢复，党和国家的工作开始重新走上健康发展的轨道。

中国外交新局面的打开

20世纪60年代末到70年代初,国际形势发生了重大变化,对中国的外交提出了新挑战。西欧和日本快速发展,美国在西方盟友中的经济地位有所削弱,加之深陷越南战争的泥潭,因此在美苏两极争霸格局中,苏联开始转守为攻,在对世界和平造成重大威胁的同时,也对中国形成巨大压力,尤其是1969年爆发的珍宝岛事件,使中国直接感受到了苏联的现实威胁。因此,中国开始考虑调整自己的外交政策,改变在国际上两面受敌的处境。

中国外交新局面是从中美关系改善开始打开的。1969年尼克松就任美国总统后,为了摆脱越南战争的困境、改变当时苏攻美守的战略态势,积极谋求发展对华关系。1969年8月,尼克松先后托巴基斯坦总统阿尤布·汗和罗马尼亚总统齐奥塞斯库向中国领导人传话,表示要与中国和解。同年年底,中国方面作出了相应回应。之后,两国关系开始松动。

1971年3月,第31届世界乒乓球锦标赛在日本举行,包括中国和美国在内的许多国家都派出了运动员参加。一天,美国运动员格伦·科恩准备去锦标赛体育馆,他随手向经过的客车招手要求搭车。科恩上车后,发现车上全是中国运动员,一时觉得很尴尬。过了几分钟,中国运动员、世界冠军庄则栋打破了尴尬,赠送给他一件漂亮的中国山水织锦。后来,科恩将一件带有和平标志的短袖衫回赠给了庄则栋,并带有美国代表团的纪念章。当科恩和庄则栋下车的时候,敏感的新闻界立刻把这个新闻报道了出去,他们交谈、握手的照片被记者拍了下来,第二天就上了日本《读卖新闻》等报纸的头版。当天下午,美国代表团领队拜访了中国乒乓球队,并向中国代表团负责人提出了访问中国的请求。

这个请求通过电报，被讯速发回国内。

经过3天考虑，毛泽东终于在世锦赛闭幕前夕决定邀请美国队访华。

4月7日上午，中国乒乓球代表团负责人宋中向美国乒乓球队的副领队拉福德发出了正式邀请。3天后，美国乒乓球队以及3名随队记者通过深圳罗湖桥进入中国，成为美国自1949年以后进入中国的第一个正式的代表团。

这就是著名的"乒乓外交"，被国际舆论称为"小球转动了大球"。它打开了中美友好关系的大门，双方对峙的坚冰开始融化。随后，美国国务卿基辛格两次访华，与周恩来进行了多次谈判，最终双方达成了协议。1972年2月，尼克松访华，开始了打开中美友好大门的破冰之旅。2月28日，中美双方在上海发表《中美联合公报》，标志着两国关系正常化进程的开始。这不仅是中美关系史上的一件大事，也对国际局势产生了重大影响。

中美关系改善的第一个重大反响就是中华人民共和国恢复了在联合国的一切合法权利。由于美国的阻挠，中国在联合国的合法席位一直被台湾国民党当局占据。进入20世纪60年代后期，随着中国国际地位的提高、亚非拉一些新独立国家不断加入联合国以及中美关系的改善，1971年10月25日，第26届联合国大会以压倒性多数通过2758号决议，恢复中华人民共和国在联合国的一切合法权利，并立即把台湾国民党当局的"代表"从联合国一切机构中驱逐出去。中国在联合国合法席位的恢复，是中国外交的一个重大突破，是中国国际地位不断提高的重要标志。

中美关系的改善直接推动了中日关系的改善。1972年日本首相田中角荣访华，其间中日双方签署了建立外交关系的《联合声明》。1973年两国互派大使。中日建交掀开了两国睦邻友好的历

1971年10月,第26届联大恢复中华人民共和国在联合国的合法席位,中国代表团成员开怀大笑。

涅槃重生——新中国的成立与社会主义制度的建立

史新篇章。

中国同西方许多发达国家的广泛建交也是这一时期对外关系的重大突破。到1973年底，中国基本上完成了同美国以外的资本主义发达国家的建交过程，同欧洲共同体也建立了正式外交关系。

这一时期中国对外工作的另一个显著成就，是发展了同亚非拉国家的友好合作关系，推动中国外交工作进入新的高潮。中国先后同土耳其、伊朗、马来西亚、智利、牙买加等40多个亚非拉国家建立了外交关系。

中国在这一时期对外关系上取得的重大成就，改善了中国的安全环境，拓展了中国外交活动的舞台，打破了外交上的孤立，形成了崭新的外交格局。

第五章
改革开放
——决定中国命运的关键一招

一场浩劫之后，人们盼望着新的开始。今后的道路该怎样走？这是"文化大革命"结束后，萦绕在全体中国人心中的一个亟待解决的问题。在这重大历史关头，1978年12月，中共十一届三中全会作出把党和国家的工作中心转移到经济建设上来、实行改革开放的历史性决策，实现了新中国成立以来具有深远意义的伟大转折。随着改革开放这一决定中国命运的关键一招的深入实施，中国开启了社会主义现代化建设新的历史时期。

真理标准问题的讨论

十年内乱造成的后果十分严重，尤其是它导致的人们思想上的混乱，想要在短时间转变过来并非一件容易的事情。纠正这种严重混乱最突出的阻碍，是当时提出和推行"两个凡是"。

"两个凡是"在理论上违背了马克思主义基本原理和党的实事求是的思想路线，在实践上为新形势下坚持真理、修正错误设置了障碍，阻挠了拨乱反正工作的进行。

"两个凡是"提出不久，1977年4月，尚未恢复领导职务的邓小平在给中共中央的信中提出："我们必须世世代代地用准确的完整的毛泽东思想来指导我们全党、全军和全国人民。"此后，他在不同场合多次批评"两个凡是"。

在与"两个凡是"的争论过程中，不少人强烈要求恢复和发扬实事求是的优良作风。1978年5月10日，中央党校内部刊物《理论动态》刊登《实践是检验真理的唯一标准》一文。5月11日，《光明日报》以特约评论员名义公开发表这篇文章，新华社向全国转发。

文章重申了"实践是检验真理的唯一标准"这个马克思主

义认识论的基本原理，强调理论与实践相统一是马克思主义的最基本原则，一个理论是否正确地反映了客观实际，是不是真理，只能靠社会实践来检验。文章指出：社会实践不仅是检验真理的标准，而且是唯一的标准。马克思主义的理论宝库不是一堆僵死不变的教条。"四人帮"强加在人们身上的精神枷锁还远没有完全粉碎，对"四人帮"设置的禁区"要敢于去触及，敢于去弄清是非"。

文章一经发表便在广大干部群众中引起强烈反响，引发了关于真理标准问题的讨论。但是，由于文章的主题同"两个凡是"尖锐对立，并且触及盛行多年的思想僵化和个人崇拜现象，因此受到一些人的指责。真理标准问题讨论面临着巨大压力。

关键时刻，邓小平对这场讨论给予及时而有力的支持。此后，《解放军报》《人民日报》《光明日报》等报刊连续发表文章，许多老一辈革命家也以不同方式支持或参与讨论。在邓小平等人的大力支持下，中央各部门、地方和军队的负责人相继发表讲话或文章，表明支持的态度；理论界、学术界、新闻界更是踊跃参与，站到讨论的前沿。

这场真理标准问题的大讨论，是中共十一届三中全会实现伟大历史转折的思想先导。

中共十一届三中全会

1978年，是新中国历史上实现伟大转折的一年，中国从此开启了一场改变贫困落后面貌的新革命。这一革命的起点就是中共十一届三中全会。

粉碎"四人帮"后,国家建设百废待兴,人们强烈要求纠正"文化大革命"的错误,使党和国家从危难中重新奋起。与此同时,世界经济快速发展,科技进步日新月异。国内外发展大势都要求中国共产党尽快就关系党和国家前途命运的大政方针作出政治决断和战略抉择。

真理标准问题的大讨论,为全党和全国人民冲破"两个凡是"的思想禁锢,重新确立实事求是的马克思主义思想路线,实现国家社会主义建设走上正确道路的历史转折,奠定了思想基础。

在统一思想的基础上,1978年12月18日到22日,中共十一届三中全会在北京召开。会议的主要任务是确定中国共产党工作重点的转移。全会决定,从1979年起,把全党工作的着重点和全国人民的注意力转移到社会主义现代化建设上来。围绕实现全党工作重点转移,全会批评了"两个凡是"错误方针,充分肯定必须完整、准确地掌握毛泽东思想的科学体系,果断结束"以阶级斗争为纲",重新确立了马克思主义的思想路线、政治路线、组织路线。

中共十一届三中全会最重要的决定就是提出了改革开放的任务。由此,中国开始了从"以阶级斗争为纲"到以经济建设为中心、从僵化半僵化到全面改革、从封闭半封闭到对外开放的历史性转变。

世界上没有不犯错误的政党,也没有哪个国家的政党在探索国家发展道路的过程中不走弯路。重要的不是不犯错误,而是能够及时发现错误并改正错误,这是一个政党是否有生命力的表现。改革开放是中国共产党的一次伟大觉醒,正是这一伟大觉醒孕育了中共从理论到实践的伟大创造。

如果说新中国的建立意味着中华民族的新生,那么,中共

1978年12月18日至22日,中共十一届三中全会在北京召开。会议的主要任务是确定中国共产党工作重点的转移。

十一届三中全会就意味着在经历种种探索与曲折之后,中华民族开始找到了一条适合自己发展的道路。

自此,中国的改革开放事业拉开了大幕。

四项基本原则

思想解放的大潮冲开了新时期的大门，开创了通向未来的道路，也在冲刷、拷问着过去。

随着真理标准问题讨论的开展，人们的思想进一步解放，带动了社会上研究新情况解决新问题的生动景象。但另一方面，也出现了一些错误的思想和言行，主要表现在以下两点：一是一些人受"左"的思想束缚，对中共十一届三中全会以来的路线方针政策表现出某种程度的不理解甚至抵触情绪；二是极少数人利用党进行拨乱反正的时机，曲解"解放思想"的口号，极端夸大中共所犯的错误，企图否定中共的领导，否定社会主义制度，否定毛泽东和毛泽东思想。

尤其是第二种错误思潮，被一些别有用心的人利用，借以挑拨党群干群关系，严重威胁着正在恢复中的工作秩序和社会秩序。更为严重的是中共党内一些党员思想也发生动摇，甚至支持这股否定思潮。思想上存在的严重问题，如果任其发展，必将破坏正在形成的生动活泼的政治局面，给国家建设事业健康发展带来严重后果。

中共中央觉察到了问题的严重性，决定采取措施，击退这些错误思潮。此时正值党的理论工作务虚会召开，深入讨论一些重大理论问题。1979年3月30日，受中共中央委托，邓小平在会上发表了题为《坚持四项基本原则》的讲话。他针对党内和社会上出现的错误思潮，从关系党和国家前途命运全局的高度，重申并深刻阐述了在中国为什么必须坚持四项基本原则这个根本性的思想政治问题。

邓小平在讲话中旗帜鲜明地指出，要在中国实现四个现代化，必须在思想上政治上坚持四项基本原则，即必须坚持社会主义道路，坚持无产阶级专政，坚持共产党的领导，坚持马列主义、毛泽东思想。这是"实现四个现代化的根本前提"，"如果动摇了这四项基本原则中的任何一项，那就动摇了整个社会主义事业，整个现代化建设事业"。

他在讲话中，批评了怀疑十一届三中全会路线的"左"的错误，着重揭露了某些人借"社会改革"名义鼓吹资本主义的实质，明确指出，我们要有计划、有选择地引进资本主义国家的先进技术和其他对我们有益的东西，但是我们决不学习和引进资本主义制度以及各种丑恶颓废的东西。他郑重表明，中国共产党所领导的改革开放从一开始就具有明确的社会主义方向。

针对当时一些非法组织假借"发扬民主"反对四项基本原则的活动，邓小平指出："中国人民今天所需要的民主，只能是社会主义民主或称人民民主，而不是资产阶级的个人主义的民主。"针对一些人借"解放思想"攻击马列主义、毛泽东思想，他强调，"解放思想，就是要运用马列主义、毛泽东思想的基本原理，研究新情况，解决新问题"，以便推进中国的社会主义事业，并旗帜鲜明地指出："毛泽东思想过去是中国革命的旗帜，今后将永远是中国社会主义事业和反霸权主义事业的旗帜，我们将永远高举毛泽东思想的旗帜前进。"

邓小平的讲话和四项基本原则的提出，是对当时中共党内和社会上的错误思潮的坚决回击，廓清了广大党员和群众思想上的迷雾，明确表达了中共所实行的改革开放从一开始就必须坚持社会主义方向，为今后国家建设事业的发展打下了坚固的基石。

迈出改革的第一步

历史是由人民创造的。中国改革开放的大幕，可以说就是由安徽凤阳小岗村的18户村民掀开的。

改革开放之前的安徽，是出了名的穷地方，尤其是凤阳县。当地有一首家喻户晓的《凤阳花鼓》，道出了历史上人民生活的艰辛："说凤阳道凤阳，凤阳本是个好地方；自从出了个朱皇帝（朱元璋），十年倒有九年荒。大户人家卖牛羊，小户人家卖儿郎；奴家没有儿郎卖，身背花鼓走四方。"

1978年，由于遭遇大旱荒，安徽凤阳受灾严重，农民成群结队地外流乞讨。为了吃上饭，凤阳县小岗生产队的农民开始想办法。小岗生产队共18户人家，几乎家家都当过队长，但还是穷得叮当响。尽管"包产到组"之风也刮到了小岗，但由于底子太差，生产还是没有搞起来。

当时小岗的队长严俊昌找到副队长严宏昌、会计严立学，私下商议：如果"包产到户"能干好，咱们就豁出去，不然也是饿死！

就这样，1978年11月24日，梨园公社小岗生产队副队长严宏昌把18户农民召集在一间茅舍里，召开了一次秘密会议。严宏昌开门见山就说："咱们得自己救自己。"有人问："怎么救？""把地分了。"严宏昌干净利索地回答。顿时，茅屋里，人人愁眉苦脸、面面相觑，鸦雀无声。过了好一阵子，一位年过六旬的老人说话了："你们放心，这样搞下去准能搞到饭吃！不过，你们倒霉肯定不得轻，说不定会打成'现行反革命'，那时可就毁喽！"农民七嘴八舌呼喊起来："你们要是倒霉，我们帮助把你们家的小孩养到18岁！"严宏昌深受感动，他从身上掏出

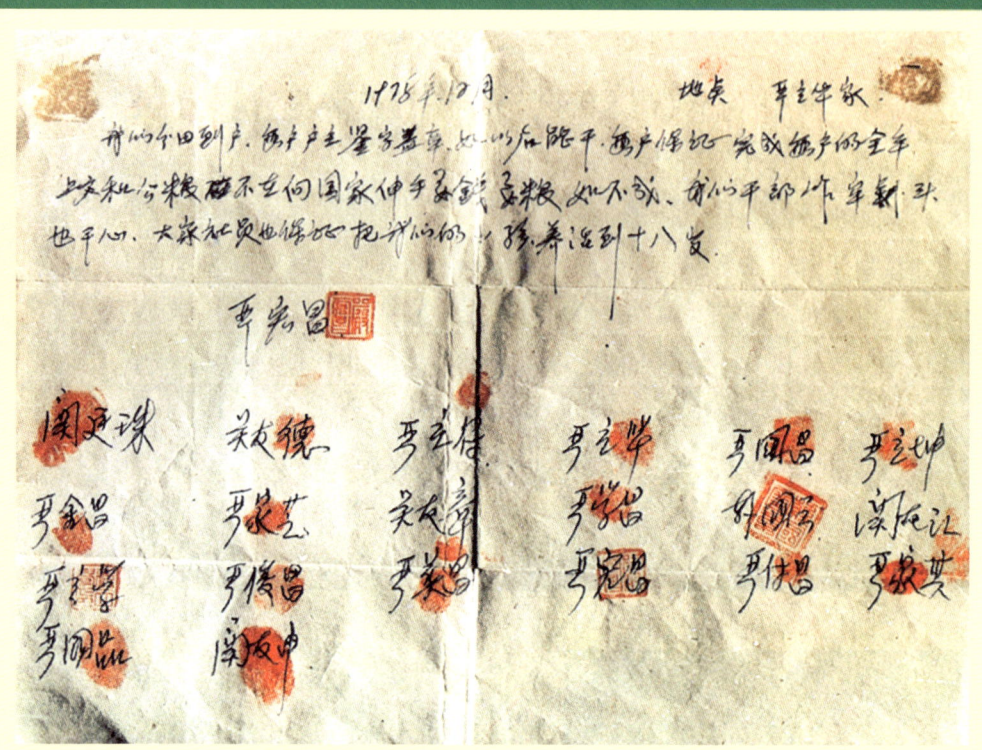

1978年冬,小岗生产队的农民在一张契约上按下红指印,约定分田到户,率先实行农业"大包干"。

早已拟好的一份条文说:"就是杀头也让脑袋掉在富锅里。我们写一个保证书,对咱们小岗搞秘密'包产到户'做了两条规定,如果同意就请各户按手印。"再补上一条,"把你们的孩子抚养到18岁!"契约写好了,18户21个在场的人含着眼泪将食指按上鲜红的印泥。

1980年5月31日,邓小平在谈话中,对凤阳县的包产到户给予了充分肯定。他说"农村政策放宽以后,一些适宜搞包产到户的地方搞了包产到户,效果很好,变化很快","'凤阳花鼓'中唱的那个凤阳县,绝大多数生产队搞了大包干,也是一年翻身,改变面貌"。邓小平旗帜鲜明地支持农村改革实践,对打破思想僵化、推动改革发挥了重要作用。

在邓小平谈话思想的基础上,1982年元旦,中央一号文件批转《全国农村工作会议纪要》,明确指出,目前实行的各种责任制,都是社会主义集体经济的生产责任制。随后,1983年和1984年的一号文件,继续对包产到户、包干到户的生产责任制给予充分肯定并在政策上积极引导,农民家庭联产承包经营制度在全国广泛推广起来,标志着中国改革开放在农村走出的第一步获得了重大成功。

人们无法想象,就是这纸契约打破了农村改革的坚冰,砸开了束缚已久的枷锁,掀开了中国农村改革的新篇章。

打开对外开放的大门

1979年1月1日,中美正式建交。这一重大历史事件,标志着中国国门的完全打开。

这时的邓小平在不断思考着一个问题:改革开放,要找到一个突破口,一个风险不大的试验场。划出一块不大的地方,放手试验,万一失败也不要紧,可以为改革开放探路。但是,

1980年8月,五届全国人大常委会第十五次会议批准了国务院提出的《广东省经济特区条例》,同意广东省在深圳、珠海、汕头设置经济特区。图为1980年9月,建设中的深圳特区。

到底要在哪里进行试验呢?历史将这一舞台选在了中国的南端——广东。

1978年11月至12月,中共中央工作会议召开,邓小平在会上宣布了"一个大政策"。他说:在经济政策上,我认为要允许一

部分地区、一部分企业、一部分工人农民,由于辛勤努力成绩大而收入先多一些,生活好起来。一部分人先好起来,就必然产生极大的示范力量,影响左邻右舍,带动其他地区、其他单位的人们向他们学习。这样,就会使整个国民经济不断地波浪式地向前发展，使全国各族人民都能比较快地富裕起来。

这个讲话激励了习仲勋和广东省委其他领导同志。1979年5月，中共中央召开经济工作会议期间，广东省委主要负责人习仲勋发言：广东省委提出了一个设想，利用自身优势，先走一步，在沿海划出一些地方单独管理，设置类似海外的出口加工区和贸易合作区，以吸引外商来投资办企业。

上午的会议结束后，时任国务院副总理谷牧向邓小平做了汇报：广东省委提出，要在改革开放中先走一步，划出深圳、珠海、汕头等地，实行特殊的政策措施，以取得改革开放、经济发展的经验。邓小平十分赞同这一设想。

那么，被划出来的地方该如何命名呢？下午，邓小平特意约见习仲勋等谈话，他讲道："在你们的广东划出一块地方来，也搞一个特区怎么样……"稍稍停顿之后，他的眼睛射出热烈而豪迈的目光："对，办特区。可以划出一个地方来，叫特区。陕甘宁就是特区嘛，中央没有钱，要你自己搞，杀出一条血路来。"

"特区"二字，一锤定音。邓小平关于兴办特区的倡议，犹如一块巨石击入碧波，迅即引起了积极而强烈的反响。没过多久，《中共中央、国务院批转广东省委、福建省委关于对外经济活动实行特殊政策和灵活措施的两个报告》出台了，确定了在深圳、珠海、汕头、厦门试办"出口特区"，作为吸引外资的一种特殊方式，并规定"出口特区"是借鉴外国"出口加工区"和"自由贸易区"的模式，以进口原材料制造商品出口为发展方向。1980年5月，中共中央又正式把"出口特区"定名为"经济特区"。

但是对于改革开放，一开始就有不同意见，尤其对兴办经济特区。一些人对此心存疑虑，多有非议之词，比如"特区是国际资

1984年"五一"国际劳动节,北京市在劳动人民文化宫举行盛大游园活动,八百多名男女青年在大殿广场跳集体舞。

产阶级的'飞地'","香港市场上'水货'之源","走私的主要通道",甚至比拟为"旧中国上海的'租界'",如此等等。所有这些,给特区创办工作增加了困难,建设发展步履维艰。

在对外开放艰苦行进之时,邓小平再次亲自出马。1984年1月22日到2月17日,他先后视察广州、深圳、珠海、厦门和上海。邓小平此行,通过对深圳、珠海、厦门3个特区的题词,充分肯定了兴办经济特区的决策和实践,并对其进一步发展提出了明确要求。他回到北京后,就对中央、国务院领导同志发表重要谈话,明确指出:"我们建立经济特区,实行开放政策,有个指导思想要明确,就是不是收,而是放。"

勇敢而睿智的中国共产党人认定了前进的方向,敢做敢闯,奇迹终于出现了。在来自全国各地的建设大军的艰苦努力下,深圳、珠海这样往日落后的边陲小镇、荒滩渔村,几年间就变成了高楼矗立、初具规模的现代化城市,成为引进外资和先进技术的前沿地区。尤其是深圳,这个被西方人称为"伟大的圣婴"的城市,以神奇的速度创造了一个时代的奇迹,成为中国打开国门、对外开放的一个缩影。

小康社会的提出

为人民谋幸福,是中国共产党人的不懈追求。改革开放和社会主义现代化建设,必须推动全体人民的共同富裕。

1979年3月,邓小平在访问了美国和日本之后,清醒地认识到现阶段中国与发达国家在经济、科技发展方面的差距,这使得他对中国的发展作了新的规划,逐步提出并形成了小康社会思想。

1979年12月,邓小平在会见日本首相大平正芳时,率先提出了"小康"这一概念,并用这一概念来描述中国现代化建设所要达到的目标水平。他说,我们要实现的四个现代化,是中国式的四个现代化。我们的四个现代化的概念,不是像你们那样的现代化概念,而是"小康之家",即到本世纪末,达到第三世界中比较富裕一点的国家水平,比如国民生产总值人均一千美元。

1981年4月14日，邓小平在会见中日友好议员联盟的访华团时再次指出："经过我们努力，设想十年翻一番，两个十年翻两番，就是人均达到国民生产总值一千美元。经过这一时期的摸索，看来达到一千美元也不容易，比如说八百、九百，就是八百，也算是一个小康生活了。"

邓小平的这几次谈话首次用中国古代的"小康"理想来描绘我国的现代化建设要实现的国家发展和人民生活水平，对小康社会的概念从经济指标上进行了初步的规划和限定。他的设想反映了对中国几十年建设社会主义的客观的估量，首次将中国现代化建设的战略目标加以定量化、形象化，提出具体设想。从此，中国的现代化建设在20世纪末的发展目标定位于"小康"。

在这一设想下，1982年召开的中共十二大正式确定了分两步走、到20世纪末实现全国工农业生产总值翻两番的小康目标和具体实施步骤。小康社会的构想作为正式表述第一次写进党的代表大会报告。

中共十二大以后，邓小平又在不同场合对小康社会进行了详细的阐述。邓小平不仅提出了"小康社会"的新概念，而且还借助社会生活中的典型事例，形象而具体地描绘了"小康社会"在各方面应当呈现的面貌和状态。

1983年3月2日，他在与中央的几位负责同志的谈话中，以苏州为例，谈到了人均接近800美元后，社会是一个什么状况的问题：第一，人民的吃穿用问题解决了，基本生活有了保障；第二，住房问题解决了，人均达到20平方米；第三，就业问题解决了，城镇基本上没有待业劳动力了；第四，人不再外流了，农村的人总想往大城市跑的情况已经改变；第五，中小学教育普及了，教育、文化体育和其他公共福利事业有能力自己安排了；第六，人们的精神面貌变化了，犯罪行为大大减少。

1984年3月25日，邓小平在同日本首相中曾根康弘的谈话中提到："翻两番，国民生产总值人均达到八百美元，就是到本世纪末在中国建立一个小康社会。这个小康社会，叫作中国式的现代化；翻两番、小康社会、中国式的现代化，这些都是我们的新概念。"可见，"小康社会"这一新概念，来源于当时邓小平对"在本世纪末实现四个现代化"这一雄心壮志的现实思考。

1986年6月，邓小平在一次谈话中说："我们的国家是有希望的，我们的目标，第一步是到2000年建立一个小康社会。雄心壮志太大了不行，要实事求是。所谓小康社会，就是虽不富裕，但日子好过。"他认为，要实现小康社会，需要有政治制度作保障，实现小康社会的过程也是不断实现社会主义目标的过程。

邓小平的这些谈话，将小康社会蓝图清晰地显现出来，从而为中国的现代化建设提出了一个明确的发展目标，"奔小康"成为全中国人民耳熟能详的一个口号。

外交政策的调整

改革开放的推进，呼唤着良好的外部环境。

这时的国际社会，已经发生重大变化，国际形势明显趋于缓和，不仅美苏关系有所改善，中苏关系也逐渐缓和。根据形势的新变化和国内发展经济的需要，1985年前后，邓小平就国际问题作出了一系列重要论断，开始对中国的外交政策进行重大调整。

第一，关于战争与和平问题。1985年5月11日，邓小平在会见约旦－巴勒斯坦联合代表团时明确指出，世界和平是有希望的，虽然战争的威胁始终存在，但世界上维护和平的力量在发展，制约战争的因素在增长，我们争取一个比较长时间和平环境是有可能的。

第二，关于时代主题。1985年3月4日，邓小平在会见日本商工会议所访华团时明确提出，"和平和发展是当代世界的两大问题"。他指出：现在世界上"虽然战争的危险还存在，但是制约战争的力量有了可喜的发展"。"现在世界上真正大的问题，带全球性的战略问题，一个是和平问题，一个是经济问题或者说发展问题。和平问题是东西问题，发展问题是南北问题。概括起来，就是东西南北四个字"。

基于"和平和发展是当代世界的两大问题"这一重大判断，邓小平进一步提出了中国外交政策的"两大转变"：第一个转变，是对战争与和平问题的认识。世界战争的危险还是存在的，但是世界和平力量的增长超过战争力量的增长，因此在较长时间内不发生大规模的世界战争是有可能的，维护世界和平是有希望的。第二个转变，是中国的对外政策。过去有一段时间，针对苏联霸权主义的威胁，中国搞了"一条线"战略，就是从日本到欧洲一直到美国这样的"一条线"。现在中国改变了这个战略，这是一个重大的转变。这两个重要转变对中国内政、外交的发展都具有重大意义。第一个转变，使中国能够真正把重点转变到经济建设上来。第二个转变，则使中国独立自主的和平外交政策特点更加鲜明。

1986年3月，六届全国人大四次会议上通过了《关于第七个五年计划的报告》。在这份报告中，中国的对外政策被正式概括为"独立自主的和平外交政策"。报告从十个方面全面阐述了这一政策的主要内容和基本原则。这标志着中国已基本完成外交政策的调整，与改革开放相配合的外交政策基本定型，中国外交逐渐显示出向多层次、全方位发展的新特点。

社会主义初级阶段

正确认识中国社会所处的历史阶段，是建设有中国特色的社会主义的首要问题，也是中国共产党制定和执行正确路线和政策的根本依据。

中共十二大以后，中国经济社会面貌发生了深刻的变化，在经济、政治、思想、文化、国防、外交等各个领域都取得了显著的成就，开辟了党的历史发展的新阶段。在这些发展的基础上，中共中央开始考虑发展阶段问题。

在总结改革开放正反两方面经验的基础上，1987年10月，中共十三大对社会主义初级阶段理论作了系统阐述，指出社会主义初级阶段不是泛指任何国家进入社会主义都会经历的起始阶段，而是特指中国生产力落后、商品经济不发达条件下建设社会主义必然要经历的特定阶段。社会主义初级阶段包括两层含义：第一，中国社会已经是社会主义社会，必须坚持而不能离开社会主义；第二，中国的社会主义社会还处在初级阶段，必须从这个实际出发，而不能超越这个阶段。中国从20世纪50年代生产资料私有制的社会主义改造基本完成，到社会主义现代化的基本实现，至少需要上百年时间，都属于社会主义初级阶段。

以社会主义初级阶段理论为基础，中共十三大明确提出了社会主义初级阶段的基本路线：领导和团结全国各族人民，以经济建设为中心，坚持四项基本原则，坚持改革开放，自力更生，艰苦创业，为把中国建设成为富强、民主、文明的社会主义现代化国家而奋斗。

社会主义初级阶段理论的提出，表明中国共产党对社会主义的认识更加深入，是建设有中国特色社会主义的理论基石。中国共产党在社会主义初级阶段的基本路线，是对中共十一届三中全会以来路线的坚持和发展，是建设有中国特色社会主义的正确路线，反映了全中国各族人民的根本利益和意志，对推动改革开放和社会主义现代化建设发挥了重要作用。

一国两制

20世纪70年代，中国面临的国际国内形势发生了重大变化，为解决台湾问题提供了一个良好的契机。

1979年1月1日，全国人大常委会发表《告台湾同胞书》，指出："我们的国家领导人已经表示决心，一定要考虑现实情况，完成祖国统一大业，在解决统一问题时尊重台湾现状和台湾各界人士的意见，采取合情合理的政策和办法，不使台湾人民蒙受损失。"从而郑重宣示了争取祖国和平统一的大政方针。同日，人民解放军停止对大、小金门等岛屿的炮击。

1979年12月6日，邓小平在会见日本首相大平正芳时，谈到了解决台湾问题的政策："对台湾，我们的条件是很简单的，那就是，台湾的制度不变，生活方式不变，台湾与外国的民间关系不变，包括外国在台湾的投资、民间交往照旧。……台湾作为一个地方政府，可以拥有自己的自卫的军事力量。条件只有一条，那就是，台湾要作为中国不可分的一部分。"这个谈话表明了邓小平已经初步形成了一个国家可以实行两种制度的思想。

1981年8月26日，邓小平在会见中国台湾、中国香港知名人士时，进一步阐明了中央对台湾的政策，他指出，台湾不搞社会主义，社会制度不变，外国资本不动，甚至可以拥有自己的武装力量。台湾人民的生活水平不降低。

1981年9月30日，时任全国人大常委会委员长叶剑英在新华社发表谈话，进一步阐述了台湾回归祖国、实现和平统一的九条方针，实际上已经勾画出了"一个国家，两种制度"的基本构想。

1982年1月11日，邓小平在会见美国华人协会主席李耀滋时指出，九条方针"实际上就是一个国家，两种制度"。这是邓小平首次提出"一个国家，两种制度"的概念。

1983年6月26日，根据"一国两制"构想，邓小平在会见美国新泽西州西东大学教授杨力宇时，提出了解决台湾问题的六条方针。主要内容是："祖国统一后，台湾特别行政区可以有自己的独立性，可以实行同大陆不同的制度。司法独立，终审权不须到北京。台湾还可以有自己的军队，只是不能构成对大陆的威胁。大陆不派人驻台，不仅军队不去，行政人员也不去。台湾的党、政、军等系统，都由台湾自己来管。中央政府还要给台湾留出名额。"这六条方针，进一步充实了"一国两制"构想的内容，使其更加具体化、系统化，标志着"一国两制"思想的正式形成。

"一国两制"构想虽是为解决台湾问题提出的，但在实践中首先被运用到解决香港、澳门回归祖国问题上，并取得成功。

1982年9月，英国首相撒切尔夫人访问中国，正式拉开中英关于香港问题谈判的序幕。1982年10月，中英关于香港问题的谈判正式开始。1984年12月19日，中英两国政府正式签署《关于香港问题的联合声明》，确认中华人民共和国政府于1997年7月1日对

1997年7月1日,中华人民共和国政府对香港恢复行使主权,香港特别行政区成立。

香港恢复行使主权。当香港回归进程启动之后,澳门回归问题也随之提上日程。1986年6月,中国和葡萄牙两国政府开始就澳门问题举行谈判。1987年4月13日,中葡两国政府正式签署《关于澳门问题的联合声明》，宣布中国政府于1999年12月20日对澳门恢复行使主权。

香港、澳门回归进程的启动，证明"一国两制"构想既体现了实现祖国统一、维护国家主权的原则性，又充分考虑到香港、澳门等地的历史和现实，是推动祖国和平统一的创造性方针，为世界各国提供了国家间解决历史遗留问题的范例。

邓小平南方谈话

随着苏联解体、东欧剧变，社会主义在世界范围内的实践陷入低潮，我国社会主义事业发展面临巨大的困难和压力。有人对社会主义前途缺乏信心，也有人对改革开放产生怀疑，提出姓"社"还是姓"资"的疑问。

就在这关键时刻，1992年春，88岁高龄的邓小平在1个多月的时间里先后到武昌、深圳、珠海、上海等地视察并发表了多次重要谈话。

邓小平强调，革命是解放生产力，改革也是解放生产力。不坚持社会主义，不改革开放，不发展经济，不改善人民生活，只能是死路一条。他指出，改革开放胆子要大一些，敢于试验。看准了的，就大胆地试，大胆地闯。判断的标准，应该主要看是否有利于发展社会主义社会的生产力，是否有利于增强社会主义国家的综合国力，是否有利于提高人民的生活水平。

邓小平指出，计划多一点还是市场多一点，不是社会主义与资本主义的本质区别。计划经济不等于社会主义，资本主义也有计划；市场经济不等于资本主义，社会主义也有市场。计划和

1990年4月，中共中央、国务院批准开发开放浦东，由此掀开了中国改革开放向纵深推进的崭新篇章。图为20世纪90年代的上海浦东新区。

市场都是经济手段。社会主义的本质，是解放生产力，发展生产力，消灭剥削，消除两极分化，最终达到共同富裕。他强调，基本路线要管一百年，动摇不得。右可以葬送社会主义，"左"也可以葬送社会主义。中国要警惕右，但主要是防止"左"。

邓小平强调，发展才是硬道理。抓住时机，发展自己，关键是发展经济。科学技术是第一生产力。

邓小平指出，要坚持两手抓，一手抓改革开放，一手抓打击各种犯罪活动。这两只手都要硬。在整个改革开放过程中都要反对腐败。

邓小平强调，我们搞社会主义才几十年，还处在初级阶段。巩固和发展社会主义制度，还需要一个很长的历史阶段，需要我们几代人、十几代人，甚至几十代人坚持不懈地努力奋斗，决不能掉以轻心。社会主义经历一个长过程发展后必然代替资本主义，这是社会历史发展不可逆转的总趋势，但道路是曲折的。一些国家出现严重曲折，社会主义好像被削弱了，但人民经受锻炼，从中吸取教训，将促进社会主义向着更加健康的方向发展。

邓小平1992年的南方谈话，开启了中国改革开放的第二个春天，在重要的历史关口，明确了中国未来的发展方向，使中国这条航船，能够沿着改革开放的正确航向继续前行。

社会主义市场经济

随着经济社会的发展，计划经济体制缺乏活力、效率低下的缺陷便日益暴露出来。这正是中国决心进行经济体制改革的原因。然而，经济体制改革究竟应当朝哪个方向走？它是以完善原有的计划经济体制为目标，还是以建立社会主义市场经济体制为目标？显然，中国选择了后者。

随着经济改革的深入，中国共产党对计划与市场关系的认识也在不断加深。1992年初，邓小平在南方谈话中，精辟地阐述了计划和市场的关系问题。社会主义要赢得与资本主义相比较的优势，就必须大胆吸收和借鉴人类社会创造的一切文明成果，吸收和借鉴当今世界各国包括资本主义发达国家的一切反映现代社会化生产规律的先进经营方式、管理方法。邓小平的这一重要思想，从根本上解除了把计划经济和市场经济看作属于社会基本制度范畴的思想束缚，使人们在计划与市场关系问题上的认识有了新的重大突破。

1992年6月9日，江泽民在中央党校省部级干部进修班上的讲话中强调：加快经济体制改革的根本任务，就是要尽快建立社会主义的新经济体制，首次提出了建立社会主义市场经济体制的命题。

在随后召开的中共十四大上，江泽民又在所作的报告中，对社会主义市场经济体制进行了详细阐述：我们要建立的社会主义市场经济体制，就是要使市场在社会主义国家宏观调控下对资源配置起基础性作用，使经济活动遵循价值规律的要求，适应供求关系的变化；通过价格杠杆和竞争机制的功能，把资源配置到效益较好的环节中去，并给企业以压力和动力，实现优胜劣汰；运用市场对各种经济信号反应比较灵敏的优点，促进生产和需求的及时协调。同时他还强调要看到市场有其自身的弱点和消极方面，因此必须加强和改善国家对经济的宏观调控。这标志着建立社会主义市场经济体制正式被确立为中国经济体制改革的目标。

建立社会主义市场经济体制，把社会主义制度与市场经济结合起来,这是前无古人的伟大创举,是中国共产党人对马克思主义的重大发展,也是社会主义发展史上的重大突破。

在这一目标的引领下,中国改革开放和经济建设开始突破计划的藩篱,飞速发展起来。

"九二共识"

实现祖国的完全统一,一直是中华民族共同的心愿。

自国民党败退台湾后,虽然海峡两岸处于隔绝对峙状态,但国共双方彼此在台湾是中国领土、中国的领土和主权不容分割、两岸是一个国家、只有一个中国而没有两个中国这些根本问题上是持共同立场的。

1987年底,长达30多年的海峡两岸隔绝状态被打破,两岸经贸交往、人员往来和各项交流蓬勃发展。但与此同时,民间交流也衍生出种种问题,需要两岸配合解决。1990年11月21日,台湾当局设立台湾海峡交流基金会(简称海基会),作为民间中介机构,负责与大陆方面联系,出面处理自己"不便与不能出面的两岸事务"。

为了便于与海基会联系,大陆积极筹备成立相应机构,于1991年12月16日在北京成立海峡两岸关系协会(简称海协会)。

台湾海基会和大陆海协会相继成立,成为推进两岸关系发展的重要机构,为双方重新开启正式会谈建立了一个重要平台,也为双方日后达成"一个中国""谋求统一"的共识开启了一扇大门。

两岸就交流中出现的问题进行接触与商谈后发现,虽然双方商谈的是事务性问题，但要顺利解决问题，一个重要的事实必须首先予以明确：两岸间的事务性问题是一个国家内部的事情，这就涉及一个中国原则的问题。一个中国原则，始终是中共中央和中国政府处理台湾问题的根本原则。因此，在确定与海基会进行接触和商谈之初，大陆方面就不失时机地强调了坚持一个中国原则的立场，指明今后实现进一步商谈必须坚持的基本原则和前提条件。在与台湾方面多次协商、论争后，双方确立了坚持一个中国原则的共识。

有了坚持一个中国原则的共识，接下来就是如何表述这一共识的问题了。共识不能是各说各话，而必须是双方都能接受的。因此，海协会主张双方经过商谈，使各自的声明和表述能为对方所接受。1992年9月，两会秘书长在厦门会面，就一个中国原则的表述问题非正式交换意见。

经过多轮商谈，11月16日，双方同意以各自口头表述的方式表明坚持一个中国原则的态度，就"海峡两岸同属一个中国，共同努力谋求国家统一"问题达成共识，这就是后来人们常说的"九二共识"。

在此后的多年时间里，两岸关系虽然历尽曲折，但"九二共识"始终是维护两岸互信的共同政治基础。

加入世界贸易组织

2001年11月10日，卡塔尔的首都多哈成为世界的焦点。这一天，中国终于走完了15年马拉松式的"入世之路"，实现了多年的夙愿。

世贸组织，全称世界贸易组织（WTO），其前身是1947年成立的关税和贸易总协定。

中国是关贸总协定最早的缔约方。但是1950年3月，败退台湾的蒋介石政府以"中华民国"的名义退出关贸总协定。而彼时的新中国由于受到西方国家的严密封锁，自然也谈不上恢复在关贸总协定的原始缔约国地位。就这样，世界市场对中国关上了大门。

1978年，中国打开国门，开始重新认识原先十分陌生的关贸总协定。1986年7月10日，中国常驻联合国日内瓦代表团大使钱嘉东照会关贸总协定总干事阿瑟·邓克尔，正式提出中国政府关于恢复在关贸总协定缔约方地位的申请，开始了中国"复关"和"入世"15年的漫漫之旅。

复关之初，谈判进展比较顺利。自1986年7月提出复关申请到1989年5月中美第五轮双边磋商期间，中国与主要缔约方进行了十几次双边磋商，并就中国复关的一些核心问题基本达成了谅解。无论在多边谈判，还是在双边磋商中已基本形成共识——1989年底结束复关谈判。

但是，随着国际、国内局势的深刻变化，中美关系又进入寒冰时期，这也直接影响到中国复关谈判之旅。在1989年6月到1992年2月的复关例行工作会议上，以美国为首的西方国家对中国实行经济制裁，把暂时不让中国复关作为其经济制裁的一项主要内容，致使这一阶段复关谈判陷入停顿。

1994年，世界贸易组织即将取代关贸总协定。中国代表团就市场准入议定书与美国等主要缔约方进行了长达50天的"讨价还价"。但是由于美国等发达国家的漫天要价，虽然中国做了最大的让步，谈判仍未能最终达成协议，中国没有如期成为WTO的创始国。

经过15年的艰苦努力，2001年12月，中国正式成为世界贸易组织的成员。图为2001年11月11日中国加入世界贸易组织的签字仪式。

1995年，中国的"复关"谈判转变为"入世"谈判。1995年6月3日中国成为WTO观察员。1995年7月11日，中国正式提出加入WTO的申请。1995年11月，应中国政府要求，中国复关谈判工作组更名为WTO中国工作组。

但是，直到1997年下半年中美关系趋缓，中国入世谈判才出现新的转机。1999年4月，朱镕基成功访问美国，使入世谈判进程加快。11月10日至15日，美国贸易代表巴尔舍夫斯基和美国国家经济委员会主席斯珀林访华，中美进行了新一轮谈判。

经过6个日夜的艰苦谈判，1999年11月15日，中美双方终于签署了《市场准入协议》，中国入世谈判取得了决定性突破。

随后，中国与欧盟在2000年5月达成双边协议。中美、中欧协议达成后，2000年下半年，中国加入WTO的多边程序开始启动，中国入世已经指日可待。

2001年9月13日，中国与墨西哥结束了关于中国加入WTO的双边谈判。中墨签署双边协议标志着中国与所有WTO成员的双边市场准入谈判全部结束。

2001年11月10日晚11时39分，随着WTO第四届部长级会议主席卡迈勒手中的击槌敲响，中国正式成为WTO成员。

从这一天起，中国终于获得了一个确定的身份：市场中的经济人。中国的改革开放，终于插上了腾飞世界的翅膀。

推动科学发展

进入21世纪，改革开放已经实行了20余年，中国的发展走到了一个新的十字路口。

实行改革开放以来,中国各项建设事业都取得了重大成就,大踏步赶上了世界发展步伐。但是中国发展面对的外部挑战也空前巨大,内部的各种问题也亟待解决。国际上,形势复杂多变,综合国力竞争日趋激烈,中国仍将长期面临发达国家在经济科技等方面占据优势的压力。从国内看,中国仍然处于并将长期处于社会主义初级阶段,业已达到的小康还是低水平、不全面、发展很不平衡的。中国发展仍面临着一些突出矛盾和问题。

正当中国人民投入全面建设小康社会的热潮时,2003年春,中国遭遇了一场突如其来的"非典"疫情的袭击,这是对中国的一次严峻考验。在中国共产党的领导下,全国人民众志成城,最终战胜了这次疫情。但中国也暴露出一个长期以来存在的突出矛盾,即经济发展和社会发展、城市发展和农村发展之间不协调、不平衡。或者说,以往高度重视经济发展但社会建设相对滞后,城市发展较快而农村则相对滞后。

"非典"的发生和蔓延,使中国共产党和中国政府开始思考中国的发展是要实现什么样的发展?怎样更好地发展?中共中央正确判断中国发展的阶段性特征,强调要解决中国的发展问题,必须牢固树立和认真落实科学发展观。

2003年4月,胡锦涛在广东考察时提出要坚持全面的发展观。同年8月底9月初,胡锦涛在江西考察时明确使用"科学发展观"概念,提出要牢固树立协调发展、全面发展、可持续发展的科学发展观。

2003年10月,中共十六届三中全会通过的《关于完善社会主义市场经济体制若干问题的决定》,第一次在中国共产党的正式文件中完整地提出了科学发展观,要求"坚持以人为本,树立全面、协调、可持续的发展观",按照"五个统筹"的要求,完

2002年,上海证券交易所加入国际交易所联合会(WFE),积极推动证券市场的对外开放和国际合作。

善社会主义市场经济体制。《决定》明确提出将"以人为本"作为经济社会发展的长远指导方针和实际工作中必须坚持的重要原则,从而将新的发展思路与党的性质和宗旨、党的执政理念和要求内在地联系在一起,体现了马克思主义的基本立场和观点。至此,科学发展观作为一个重大战略思想已经初步形成。

此后,在科学发展观的指导下,中国开始改变原有的粗放型发展模式,推动全面、协调、可持续的发展。

圆梦奥运

2008年8月8日,北京站到了世界舞台的中央。这一天,奥运开幕式隆重举行,中国人民终于圆了百年的奥运梦想。

从第一届现代奥运会召开之时,中国就开始追求属于中国人的奥运之梦。但由于种种原因,前几届奥运会中国都未能参加。直到1932年,东北大学学生刘长春在张学良的资助下才第一次代表中国远征奥运。然而,二十一天的海上漂荡,失败的结果早已注定,只身一人的国家队,使他终于明白:"没有国家的富强,民族的兴旺,何来我们运动员在奥运赛场上的更高、更快、更强?"刘长春失败了,但他的精神震醒了旧中国的遗梦。自那时起,中国人开始憧憬,总有一天,中国人会在五环旗下扬眉吐气!

新中国成立后,由于西方对中国实行外交封锁,中国一直未能参加奥运会。直至1984年7月,中国奥委会派出了一个大型体育代表团参加在美国洛杉矶举行的第23届奥运会。相比52年前刘长春的孑然一身,这次中国派出了353人组成的大型代表团,其中仅

2008年8月8日，第29届夏季奥林匹克运动会在中国国家体育场隆重开幕，图为中国体育代表团。

参会运动员就多达225人。此后的奥运会，中国均派出了大型代表团参赛，并取得了较为优异的成绩。

中国运动健儿在奥运会赛场上的出色表现，也激发起国人对于申办奥运会的希望与热情。经历了1993年北京申办2000年奥运会的失利之后，1998年11月，北京再次提出申办2008年奥运会的请求。

2001年7月13日晚7点，在俄罗斯首都莫斯科召开的国际奥委会第112次全会上，经过两轮投票表决后，国际奥委会主席萨马兰奇宣布：北京赢得了2008年奥运会的举办权！这一消息迅速传遍世界，从俄罗斯到澳大利亚，从法国到美国，世界各地的中华儿女，无不欢呼雀跃。

2008年8月8日晚8时，北京奥运会的开幕式在国家体育场——鸟巢拉开序幕。80多个国家的元首和首脑，204个奥运大家庭成员，16000名运动员和教练员，10万名现场观众，现场目睹了开幕式盛况。北京奥运会开幕式以恢宏的大手笔、新奇的想象力和高科技创新形式，为世界40多亿电视观众奉献了一场"用世界语言讲述中国故事"的视听盛宴。当李宁点燃北京奥运会主火炬的时候，开幕式达到了最高潮。这一刻，112年的现代奥林匹克运动揭开新的一页；这一刻，中华民族的伟大复兴写下新的篇章；这一刻，全人类的荣耀和梦想尽情绽放！

北京奥运会从8月8日开幕至8月24日结束，共有来自204个国家和地区的1万余名运动员参加了比赛，这是有史以来参赛国家和地区最多的一次奥运会，也是转播规模最大的一次。中国体育代表团共有639名运动员参加28个大项、38个分项、262个小项的比赛，共取得了51枚金牌、21枚银牌、28枚铜牌的优异成绩，并在15个项目首次获得了奥运会金牌，第一次名列奥运会金牌榜首位，创造了中国体育代表团参加奥运会以来的最好成绩，实现了重大历史性突破。

北京奥运会的成功举办，其意义远超体育层面，它标志着世界对中国的接纳和认可。古老的中国终于通过自己的努力，一步一步再次走回世界舞台的中央，赢得了世界的尊重。

第六章

重铸梦想
——迈向民族复兴的新时代

中共十八大的召开标志中国特色社会主义进入新时代，中国在经过30余年的改革开放后，"小康社会"这个邓小平代表中国共产党在20世纪80年代作出的承诺，迎来了兑现之时。在全面建成小康社会决定性阶段，以习近平同志为核心的党中央以巨大的政治勇气和强烈的责任担当，解决了许多长期想解决而没有解决的难题，办成了许多过去想办而没有办成的大事，推动中国共产党和国家的事业发生了历史性变革、取得了历史性成就。这些历史性成就和历史性变革，标志着中国的发展站到了新的历史起点上。在全体中国人民的努力奋斗下，2021年，中国全面建成小康社会的目标终于如期实现。在第一个百年目标成功实现的基础上，中共二十大确立了以中国式现代化全面推进中华民族伟大复兴的中心任务，中国梦正展现出无比灿烂的光明前景。

中国特色社会主义进入新时代

在历史的航道上，总有一些重要的节点，犹如高高矗立的灯塔，指引着前进的方向。2017年金秋时节召开的中共十九大，就是这样一个具有里程碑意义的大会，它宣告中国特色社会主义进入了新时代。

在21世纪的第一个十年，经历了新中国成立以来特别是改革开放以来的艰辛探索和不懈奋斗，中华民族实现了从"站起来"到"富起来"再到"强起来"的伟大飞跃，终于迎来了民族复兴的光明前景，行进中的中国正站在一个新的关键节点上。中共十八大以后，在习近平总书记的带领下，"中国号"巨轮开启了又一段艰辛的航程。

面对世界经济复苏乏力、局部冲突和动荡频发、全球性问题加剧的外部环境，面对中国经济发展进入新常态等一系列深刻变化，中国共产党坚持稳中求进工作总基调，迎难而上，开拓进取，取得了改革开放和社会主义现代化建设的历史性成就。

以习近平同志为核心的党中央以巨大的政治勇气和强烈的责任担当，革故鼎新、励精图治，进行具有许多新的历史特点的伟

2017年10月18日,中国共产党第十九次全国代表大会在北京人民大会堂开幕。

大斗争，提出一系列新理念新思想新战略，出台一系列重大方针政策，推出一系列重大举措，推进一系列重大工作，解决了许多长期想解决而没有解决的难题，办成了许多过去想办而没有办成的大事，推动中国共产党和国家事业发生了历史性变革。

在带领人民进行建设的同时，中国共产党的理论创新也实现了新的飞跃，形成了习近平新时代中国特色社会主义思想，开辟了马克思主义中国化时代化新境界。中国的社会矛盾发生了变化，已经转化为人民日益增长的美好生活需要和不平衡不充分的发展之间的矛盾。经济建设依然是党和国家的中心工作，但是要更加注重抓全面协调可持续发展，着力解决发展的不平衡不充分问题。

这些历史性成就是全方位的、开创性的，这些历史性变革是深层次的、根本性的，标志着中国的发展站到了新的历史起点上。

中国特色社会主义进入了新时代，这是中国发展新的历史方位。

这个新时代，是承前启后、继往开来、在新的历史条件下继续夺取中国特色社会主义伟大胜利的时代。中国特色社会主义是中国共产党和中国人民一路奋斗、创造、积累的根本成就。在新的历史条件下，夺取中国特色社会主义伟大胜利，谱写新的伟大篇章，已经成为这一代中国共产党人义不容辞的历史责任。

这个新时代，是决胜全面建成小康社会、进而全面建设社会主义现代化强国的时代。中共十九大在深刻把握现实条件和未来趋势的基础上，作出了从决胜全面建成小康社会到基本实现现代化、再到全面建成社会主义现代化强国的新的战略部署。这是新时代中国特色社会主义的奋进节律，也是开创全面建设社会主义现代化国家新局面的动员令。

这个新时代，是全国各族人民团结奋斗、不断创造美好生活、逐步实现全体人民共同富裕的时代。人民对美好生活的向往，始终是中国共产党的奋斗目标。中国共产党领导人民干革命、搞建设、抓改革，就是为了让人民过上好日子。在新时代，满足人民群众对美好生活的多元化需求，是中国共产党面临的新追求。

这个新时代，是全体中华儿女勠力同心、奋力实现中华民族伟大复兴中国梦的时代。经过长期以来特别是中共十八大以来的历史性变革，今天的中国比历史上任何一个时期都更接近、更有信心和能力实现这个梦想。在新时代的长征路上，曙光可见、胜利在望，但前方的路也布满荆棘、沟深壑险，需要全体中华儿女团结一心、砥砺前行，形成齐心共筑中国梦的磅礴伟力。

这个新时代，是中国日益走近世界舞台中央、不断为人类作出更大贡献的时代。中国将顺应国际影响力不断扩大的趋势，不断开创新时代大国外交新格局，积极发出中国声音，承担更多国际责任，为推动构建人类命运共同体，为世界和平发展、人类繁荣进步作出新的更大贡献。

航向已经标定，"中国号"巨轮正在向着美好彼岸破浪前行。

提出民族复兴的中国梦

实现中华民族伟大复兴，是近代以来中华儿女最伟大的梦想。当时间来到21世纪的第二个十年，经过一代代中国人前赴后继、接力奋斗，这一梦想的曙光已经近在眼前。

2012年11月29日，刚刚当选中共中央总书记的习近平同志，带领新一届中国共产党的中央领导集体，来到中国国家博物馆参观《复兴之路》展览。在这里，他对中国梦进行了详细阐述。

驻足一幅幅历史画卷，习近平总书记感慨万千。他说：中华民族的昨天，可以说是"雄关漫道真如铁"。近代以后，中华民族遭受的苦难之重、付出的牺牲之大，在世界历史上都是罕见的。但是，中国人民从不屈服，不断奋起抗争，终于掌握了自己的命运，开始了建设自己国家的伟大进程，充分展示了以爱国主义为核心的伟大民族精神。中华民族的今天，正可谓"人间正道是沧桑"。改革开放以来，我们总结历史经验，不断艰辛探索，终于找到了实现中华民族伟大复兴的正确道路，取得了举世瞩目的成果。这条道路就是中国特色社会主义。中华民族的明天，可以说是"长风破浪会有时"。经过鸦片战争以来170多年的持续奋斗，中华民族伟大复兴展现出光明的前景。现在，我们比历史上任何时期都更接近中华民族伟大复兴的目标，比历史上任何时期都更有信心、有能力实现这个目标。

在参观的最后，习近平总书记坚定地表示：实现中华民族伟大复兴就是中华民族近代以来最伟大的梦想，需要一代又一代中国人共同为之努力。我们坚信"到中国共产党成立100年时全面建成小康社会的目标一定能实现，到新中国成立100年时建成富强民主文明和谐的社会主义现代化国家的目标一定能实现，中华民族伟大复兴的梦想一定能实现"。

中国梦，就是要实现国家富强、民族振兴、人民幸福。实现中国梦是中国共产党自成立以来就肩负的历史使命。当梦想即将成为现实的关口，该如何去努力实现呢？

实现中国梦必须走中国道路。中国特色社会主义道路，是在

贵州省铜仁市碧江区,油菜花田组成的"中国梦"图案

改革开放40多年的伟大实践中走出来的,是在中华人民共和国成立70多年的持续探索中走出来的,是在对近代以来180多年中华民族

发展历程的深刻总结中走出来的，是在对中华民族5000多年悠久文明的传承中走出来的，具有深厚的历史渊源和广泛的现实基础。

实现中国梦必须弘扬中国精神。中国精神是凝聚中国力量的兴国之魂、强国之魂。爱国主义始终是把中华民族坚强团结在一起的精神力量，改革创新始终是鞭策中国人在改革开放中与时俱进的精神力量。

实现中国梦必须凝聚中国力量。中国梦是民族的梦，也是每个中国人的梦。全体中国人民，共同享有人生出彩的机会，共同享有梦想成真的机会。14亿中华儿女心往一处想，劲往一处使，就能汇集起不可战胜的磅礴力量。

"穷则独善其身，达则兼善天下。"中国梦不仅仅是中国人自己的梦想，而且与世界各国人民的美好梦想是相通的，中国梦的实现必将给世界上其他国家带来难得的发展机遇。

改变中国面貌的"八项规定"

大海航行靠舵手。美好中国梦的实现，需要有中国共产党的坚强领导。中共十八大后，重担在肩的中国共产党开始了"刮骨疗毒"的自我革命。

这一自我革命，是从贯彻执行"八项规定"开始的。习近平总书记曾形象地说明了这样做的初衷："党的十八大之后，党中央讨论加强党的建设如何抓时，就想到要解决'老虎吃天不知从哪儿下口'的问题。后来决定就抓八项规定，下口就要真正把那块吃进去、消化掉，不要这吃一嘴那吃一嘴，囫囵吞枣，最后都没有消化。我们抓住作风建设这条主线，一以贯之，步步深入。"

长期以来，由于一系列客观原因和自身思想的松懈，中国共产党内某些党员领导干部党性意识日益淡薄、群众观念日益模糊、艰苦奋斗作风逐步丧失，不思进取、得过且过，漠视群众、脱离实际，形式主义、官僚主义，弄虚作假、虚报浮夸，铺张浪费、贪图享受，以权谋私、骄奢淫逸之风日益蔓延……这些行为违反了党的纪律，在群众中产生了强烈的不良影响，严重损害了中国共产党和政府的形象，带坏了党风、政风，必须坚决予以治理。

以习近平同志为核心的党中央一开始就将目光对准了这些问题。2012年12月4日，中共中央政治局召开会议，审议通过了关于改进工作作风、密切联系群众的八项规定。

中央八项规定，短短600多字，却内涵丰富，从调查研究、会议活动、文件简报、出访活动、警卫工作、新闻报道、文稿发表、勤俭节约等8个方面对加强作风建设立下规矩，不搞四平八稳，不喊空洞口号，直指中国共产党内部长期存在的作风顽疾，针对人民群众反映强烈的问题，提出了一系列切实可行、具有可操作性的举措，展示了中共新一届中央领导集体的执政新姿态，受到了社会上的普遍好评。

"善禁者，先禁其身而后人"。习近平总书记率先垂范，身体力行"八项规定"。在他的示范带动下，中共中央政治局全体同志严于律己、以实际行动模范践行中央八项规定，为全党同志树立了标杆，形成了巨大的"头雁效应"。随后，中共中央和有关部门针对八项规定中有关事项，陆续下发一系列文件，将八项规定具体化。全国各地也纷纷采取有力措施，全力推动八项规定落地生根。各级纪检监察机关充分行使监督执纪权利，推动了八项规定落到实处。

"八项规定"出台以来，中国共产党的面貌发生了根本性变化，中国政府风气、社会风气也随之发生了很大变化。它的深入贯彻落实，极大提升了中国共产党在中国人民心目中的形象和威信。

"淡如秋菊何妨瘦，清到梅花不畏寒"。在作风建设持续深入的同时，以习近平同志为核心的党中央，还以非凡的政治魄力和坚忍不拔的意志品格，以"得罪千百人，不负十四亿"的责任担当，紧紧抓住人民群众反映最强烈的问题，严明纪律和规矩、持续高压反腐、加强巡视整改、构建监督制度体系，推动中国共产党全面从严治党取得重大成果，党风政风为之一新，党心民心为之一振。

新时代新征程，不断进行自我革命的中国共产党，一定能够引领承载着中华民族伟大梦想的巨轮破浪前行，胜利驶向光辉的彼岸。

把改革开放继续推向前进

改革开放是决定当代中国命运的关键一招，也是决定实现中华民族伟大复兴的关键一招。把改革开放继续推向前进，这是以习近平同志为核心的党中央向中国和世界作出的庄严承诺。

进入新时代，中国的改革开放历经40多年的伟大实践，走到了一个新的历史关头。随着改革不断向纵深推进，可以说容易的、皆大欢喜的改革已经完成了，好吃的肉都吃掉了，剩下的都是难啃的硬骨头。矛盾越大，问题越多，越要攻坚克难、勇往直前。改革是由问题倒逼而产生，又在不断解决问题中得以深化。解决改革过程中的矛盾，必须坚持把改革开放继续推向前进，将改革开放进行到底。

改革开放只有进行时，没有完成时。2012年12月7日，习近平总书记首次离京考察就来到了中国改革开放的前沿阵地——广东省深圳、珠海、佛山、广州等地，深入农村、企业、社区、部队和科研院所进行调研。在调研中，习近平表示，之所以到广东来，就是要到在中国改革开放中得风气之先的地方，现场回顾中国改革开放的历史进程，将改革开放继续推向前进。习近平反复强调，改革开放是中国共产党的一次伟大觉醒，正是这个伟大觉醒孕育了新时期从理论到实践的伟大创造。实践证明，改革开放是当代中国发展进步的活力之源，是中国共产党和人民大踏步赶上时代前进步伐的重要法宝，是坚持和发展中国特色社会主义的必由之路。实践发展永无止境，解放思想永无止境，改革开放也永无止境，停顿和倒退没有出路。

习近平总书记广东调研期间的讲话，表明了新一届中央领导集体坚定不移推进改革开放的信心和决心。在改革进入攻坚期和深水区的阶段，必须以敢于啃硬骨头、敢于涉险滩的精神，大胆探索、勇于开拓，推动改革开放和现代化建设事业迈上新台阶。

从广东返京不久，2012年12月31日，习近平总书记主持召开十八届中央政治局第二次集体学习，专门就坚定不移推进改革开放进行学习。习近平在主持学习时强调，改革开放是一项长期的、艰巨的、繁重的事业，必须一代又一代人接力干下去。必须坚持社会主义市场经济的改革方向，坚持对外开放的基本国策，以更大的政治勇气和智慧，不失时机深化重要领域改革，朝着中共十八大指引的改革开放方向奋勇前进。

此后，习近平又在不同场合多次明确宣布："中国坚持改革开放不动摇"，"中国开放的大门不会关上"，"中国将在更大范围、更宽领域、更深层次上提高开放型经济水平"。他的讲话代表

2018年开始举办的中国国际进口博览会迄今已成为促进多边自由贸易的重要平台,为各国企业带来新的发展机遇,是中国进一步扩大对外开放的重要举措。

中共中央向全国、全世界宣示了将改革开放进行到底的决心。

在以习近平同志为核心的党中央坚强领导下，全体中国人民共同为改革想招、一起为开放发力，中华大地掀起了深化改革开放的更高浪潮。

治国理政的"四个全面"战略布局

美好的梦想已经绘就，如何去一步一步实现它，成为摆在中国共产党人面前亟待解决的问题。

历史，从来都是在直面问题中展开其波澜壮阔的画卷。经济总量领先下的人均落后，先富起来之后的共富挑战，资源环境约束下的转变压力，创新能力与发展需求脱节，国内外安全风险叠加交织，治理现代化目标任重道远……

中共十八大后，当选中共中央总书记的习近平同志直面当时中国面临的各种难题，以全局视野和战略眼光，立足中国实际、总结中国经验，提出了"四个全面"战略布局，第一次将全面建成小康社会，定位为"实现中华民族伟大复兴中国梦的关键一步"；第一次将全面深化改革的总目标，确定为"完善和发展中国特色社会主义制度、推进国家治理体系和治理能力现代化"；第一次将全面依法治国，论述为全面深化改革的"姊妹篇"，形成"鸟之两翼、车之双轮"；第一次为全面从严治党标定路径，要求"增强从严治党的系统性、预见性、创造性、实效性"，锻造更加坚强的领导核心。

每一个"全面"，都是一整套结合实际、继往开来、勇于创新、独具特色的系统思想，闪耀着辩证唯物主义和历史唯物主义的理论光辉。

"四个全面"是从中国发展现实需要中得出来的，是从人民群众的热切期待中得出来的，是为推动解决中国面临的突出矛盾和问题提出来的。它立足治国理政全局，抓住改革发展稳定关键，统领中国发展总纲，确立了新形势下中国各项工作的战略方向、重点领域、主攻目标，是中国进行社会主义现代化建设的战略布局。

这个战略布局，既有战略目标，也有战略举措。其中，全面建成小康社会是战略目标，全面深化改革、全面依法治国、全面从严治党是三大战略举措。打一个比喻来说，"四个全面"就像是一辆高速行进的列车，"全面建成小康社会"就是列车前进的方向，"全面深化改革"就是列车的动力系统，"全面依法治国"就是列车的安全阀，"全面从严治党"就是列车的车头。四个方面构成一个不可分割、相互促进、相互支撑的整体，也是一个有机的统一体。

站在历史与未来的交汇点，中国人面前是更伟大的征程。谋小康之业、扬改革之帆、行法治之道、筑执政之基，这是一场艰苦的奋斗，也是一次豪迈的进军。

努力践行新发展理念

新时代新气象。面对着中国人民对于美好生活的向往，以习近平同志为核心的党中央提出了新发展理念。

改革开放40多年来，社会主义中国凭着后发优势以及人口红利，经济社会各领域实现了跨越式发展，城乡面貌发生了翻天覆

在全球正在经历的新一轮科技和产业革命中,以创新寻求高质量发展的中国,正逐渐从"跟跑"到"并行"甚至在某些领域"领跑"。

地的变化，人民生活水平有了根本性改观。但是，中国在持续快速发展中也面临许多"成长的烦恼"，如随着人口老龄化带来的劳动力不足，粗放式发展已触及天花板，跨越"中等收入陷阱"的考验，收入差距、区域差距、城乡差距的拉大，产业发展不协调，物质文明和精神文明发展的不同步，等等。这些发展中存在的问题，如果不加以正确面对和有效解决，不仅不利于中国经济社会持续健康发展，而且会损害社会公平正义，影响人民群众的满意度、获得感。

问题是时代的声音。面对新时期新情况新问题，2015年10月，中共十八届五中全会提出了五大新发展理念，即"创新、协调、绿色、开放、共享"。

创新发展，处于核心的位置。

抓创新就是抓发展，谋创新就是谋未来。回望人类历史，创新一直是引领社会发展的第一动力，谁在创新上先行一步，谁就能拥有引领发展的主动权。实践证明，创新决定着一个国家和民族的前途命运。中国领导层已意识到，自主创新能力不足是中国落后于其他发达国家的主要体现，中国在国际上所处的地位、当前制度的未来都取决于如何克服这一差距。这一切都取决于中国的创新能力。

协调发展，是制胜的要诀。

中国共产党带领全国各族人民进行社会主义建设的长期实践，实际上就是一个不断深化经济社会协调发展规律的认识和探索过程。从新中国成立之初的"统筹兼顾""弹钢琴"的工作方法，到改革开放后提出的"两手抓"战略，再到"处理好十二个重大问题、重大关系"，以及"实现全面协调可持续发展"、"五位一体"总体布局、"四个全面"战略布局等。这不仅彰显了党的发展理念的逐步升华,而且昭示了马克思主义唯物辩证法在解决发展问题上的方法论意义。

绿色发展,关系人与自然的和谐。

以史为鉴,可以知兴替。无论是百年来西方国家工业化进程走过的"先污染、后治理"弯路,还是近些年来中国持续快速发展所付出的资源环境代价,无不明确说明:人类对于自然资源必须取之有度,人类发展活动必须尊重自然、顺应自然、保护自然。可以说,多年积累的大量生态环境问题,不仅成为中国社会民生之痛,也成为制约未来中国经济社会发展的一大"瓶颈"。

开放发展,是经济全球化的潮流。

数百年来,经济全球化不断加速发展演化,已成为各国发展必须面对的时代潮流。40多年前,中国主动打开国门,积极参与到这一潮流中,开始融入世界经济一体化进程。现如今,中国同世界的关系从闭关锁国、"一边倒"封闭半封闭,逐步走向全方位对外开放,直至今日成为推动经济全球化的重要力量。实践充分证明,要发展壮大,必须主动顺应经济全球化潮流,坚持对外开放,充分运用人类社会创造的先进科学技术成果和有益管理经验。

共享发展,就是以人民为中心。

治国有常,利民为本。中国儒家经典中对小康社会、大同社会的描绘,代表了千百年来中国人对共同富裕理想的孜孜追求。新中国成立后,特别是改革开放以来,中国共产党把"共同富裕"作为自己的奋斗目标,书写在社会主义旗帜上。经过几十年的艰难探索和不懈奋斗,中国共产党带领中国人民走上了中国特色社会主义康庄大道,人民的生活质量有了显著提升,人民的获得感有了很大的提高。在新时代的发展,必须进一步提升人民群众的获得感、共享感,实现最大程度的公平正义。

新理念新行动。一场关系社会主义中国发展全局的深刻变革已经到来，唯有践行新发展理念，才能向着民族复兴的伟大航向不断前行。

引领经济新常态

在中国梦新航程中，经济持续健康发展是"中国号"这艘航船行稳致远的主发动机。

中共十八大以来，由于国际国内局势发生了深刻复杂的变化，中国经济航船行驶的海域中风高浪急、暗流涌动。

放眼全球，国际金融危机发生多年，复杂程度远超以往，全球经济复苏持续乏力，发达经济体走势呈现分化，新兴经济体增长反复波折。审视国内，经济处于增长速度换挡期、结构调整阵痛期、前期刺激政策消化期的"三期叠加"阶段，增长新动力不足和传统旧动力减弱的结构性矛盾突出，一些企业经营困难，经济增速从2012年起放缓至8%以下……

沧海横流，首在掌舵。加强党对经济工作的领导能力，在较大下行压力情况下实现稳中有进、稳中向好，成为以习近平同志为核心的党中央治国理政的首要目标。

胸怀全局，牢牢掌控发展主动权。2013年3月5日，习近平在全国两会参加上海代表团审议时，对经济发展进入新阶段作出重要判断："我国经济已由较长时期的两位数增长进入个位数增长阶段。"2014年5月，在河南考察时，他首次提出"新常态"的概念。2014年中央经济工作会议上，他对"经济发展新常态"作出系统阐释。2015年召开的中央经济工作会议，深入论述经济发展

习近平总书记指出,探索以生态优先、绿色发展为导向的高质量发展新路子。这为各地推动高质量发展指明了前进方向,提供了根本遵循。生态优先、绿色发展现已成为中国各地经济社会发展的共识。

新常态"怎么看"和"怎么办",对经济宏观调控思路进行重大创新,打响了供给侧结构性改革攻坚战……

认识新常态、适应新常态、引领新常态,这是当前和今后一个时期中国经济发展的大逻辑,也是中共中央高瞻远瞩、审时度势综合分析世界经济增长周期和中国发展阶段性特征及其相互作用作出的重大判断。

过去依靠粗放式发展实现高增长的模式一去不复返了,转方式调结构是绕不过去的历史关口,必须摒弃传统发展思维,按照创新、协调、绿色、开放、共享的新理念谋划发展。

加减相伴,破立并举。简政放权、结构调整、改革创新,去产能、去库存、去杠杆、降成本、补短板,增强供给体系的适应性和灵活性,提高全要素生产率。

方向清,任务明。

不管风吹浪打,胜似闲庭信步。无论是在国内调研时,还是在参加国际会议中,习近平谈及经济形势时总是强调"定力"和"信心"两词。定力,来自对发展态势的深刻把握。信心,来自对经济工作的高超驾驭。

中共十八大以来,中共中央以智慧和勇气创新宏观调控方式,主动适应经济发展新常态,从注重需求侧到强调供给侧,对症下药,推动经济发展乘势而进。

创新驱动,催动新生活力。从习近平总书记主持中共中央政治局第九次集体学习时强调"实施创新驱动发展战略决定着中华民族前途命运",到"十三五"规划建议提出"创新是引领发展的第一动力",再到"十四五"规划建议提出"坚持创新在我国现代化建设全局中的核心地位,把科技自立自强作为国家发展的战略支撑"……创新驱动蔚然成风。

内外兼修，打开发展疆域。三大经济战略，以气象万千之势谋划经济新蓝图："一带一路"让中国与沿线国家基础设施互联互通加速推进。京津冀协同发展形成区域新的增长极、长江经济带横亘东中西，预计能撬动数万亿元的投资大市场。同50多个国家一道积极筹建和成立亚洲基础设施投资银行；建立丝路基金；加快自由贸易区建设……中国以开放思维重塑新格局，不断凸显对全球经济治理的"中国担当"。

畅通双循环，着力构建新发展格局。着眼中国经济中长期发展目标，2020年5月23日，习近平总书记在看望参加政协会议的经济界委员时提出："逐步形成以国内大循环为主体、国内国际双循环相互促进的新发展格局，培育新形势下我国参与国际合作和竞争新优势。"随后，他多次就构建新发展格局作出部署，为中国未来发展指明了前进方向。构建新发展格局，是与时俱进提升中国经济发展水平的战略抉择，也是塑造中国国际经济合作和竞争新优势的战略抉择，对于实现中国更高质量、更有效率、更加公平、更可持续、更为安全的发展，有力拉动世界经济复苏和增长具有重要而深远的意义。

2020年，面对突如其来的新冠肺炎疫情、世界经济衰退等多重严重冲击，在以习近平同志为核心的党中央坚强领导下，中国各族人民顽强拼搏，经过艰苦努力，中国在世界上率先实现复工复产，疫情防控取得重大战略成果，在全球主要经济体中唯一实现经济正增长，国内生产总值首次突破100万亿元。

中国依然是全球经济增长的"稳定之锚"。

建设美丽中国

生态兴则文明兴，生态衰则文明衰。新时代的中国必须是绿色的中国、美丽的中国。

拥有天蓝、地绿、水净的美好家园，是每个中国人的梦想，是中华民族伟大复兴中国梦的重要组成部分。"蓝蓝的天上白云飘""清凌凌的水蓝莹莹的天"……这一句句广为传唱、朗朗上口的歌词，描绘的是中国曾经常见的美景。

但是，历经改革开放以来几十年的快速发展，中国在经济社会发展取得巨大进步的同时，也对生态环境造成了重大压力。如今，上述景象在很多地方成为"稀客"，时有出现的雾霾锁城、水体污染、土壤毒瘤成为民生之患、民心之痛。2012年，中国经济总量约占全球11.5%，却消耗了全球21.3%的能源、45%的钢、43%的铜、54%的水泥，排放的二氧化硫、氮氧化物总量居世界第一。严峻的污染形势不仅制约着经济的进一步发展，而且危害着人们的健康。

在实现"两个一百年"奋斗目标的伟大征途中，中华民族如何永续发展？中华文明能否再铸辉煌？站在这样的高度，以习近平同志为核心的党中央聚焦中国的生态问题，提出了建设美丽中国的战略举措，坚决推动中国走向生态文明新时代。

作为"中国号"巨轮掌舵者的习近平总书记，对中国的生态文明建设有着深邃的思考。早在2005年，时任浙江省委书记的他在余村考察时，首次提出"绿水青山就是金山银山"的重要理念，强调不以环境为代价去推动经济增长。这一理念现在已经成为中国生态文明建设的指导理念。在他主持起草的中共十八大报告中，生态文明建设成为治国理政的重要内容，纳入中国特色社会主义事业"五位一体"总体布局,并首次以"美丽中国"作为生态文明建设的宏伟目标。

在担任中共中央总书记后,从城市到乡村,从大漠戈壁到江南水乡,习近平每赴各地考察调研,几乎都有对生态文明建设的明确要求。

2012年12月,习近平总书记在任后首赴外地考察时就谆谆告诫:"我们在生态环境方面欠账太多了,如果不从现在起就把这项工作紧紧抓起来,将来会付出更大的代价。"

2013年4月25日,在中共中央政治局常委会会议上,习近平总书记满怀深情地说道:"如果仍是粗放发展,即使实现了国内生产总值翻一番的目标,那污染又会是一种什么情况?届时资源环境恐怕完全承载不了","经济上去了,老百姓的幸福感大打折扣,甚至强烈的不满情绪上来了,那是什么形势?"

2013年5月,习近平总书记在主持十八届中共中央政治局第六次集体学习时指出,要正确处理好经济发展同生态环境保护的关系,牢固树立保护生态环境就是保护生产力、改善生态环境就是发展生产力的理念。

2013年11月,习近平总书记在中共十八届三中全会上作关于《中共中央关于全面深化改革若干重大问题的决定》的说明时专门指出:"我们要认识到,山水林田湖是一个生命共同体,人的命脉在田,田的命脉在水,水的命脉在山,山的命脉在土,土的命脉在树。"

习近平总书记对生态与发展关系进行的鲜明阐释,彰显了中国共产党对人类文明发展规律、自然规律、经济社会发展规律的最新认识,确立了环境在生产力构成中的基础地位,丰富和发展了马克思主义生产力思想。

在以习近平同志为核心的党中央高度重视和切实推进下，中国的生态文明建设取得了显著成效。人民群众身边的蓝天白云、清水绿岸明显增多，环境"颜值"普遍提升，美丽中国建设迈出坚实步伐。绿色生活，就像沁人心脾的阳光雨露，折射出美好的图景。

面向未来，让中华大地天更蓝、山更绿、水更清、环境更优美，成为全体中国人民共同的努力方向。

构建人类命运共同体

天下一家，这是中国人始终坚守的外交理念。构建人类命运共同体，是中国向世界许诺的一个更好未来。

古往今来，过上幸福美好生活始终是全人类孜孜以求的梦想。中共十八大以来，习近平深入思考"建设一个什么样的世界、如何建设这个世界"的重大课题，提出并倡导构建人类命运共同体，为改革和完善全球治理体系贡献了中国方案。

从莫斯科国际关系学院到联合国日内瓦总部、从博鳌亚洲论坛到达沃斯论坛、从二十国集团峰会到中国共产党与世界政党高层对话会……习近平总书记在多个重大国际场合，深刻阐释了构建人类命运共同体的重大倡议，清晰而明确地向世界传达了这一理念：人类生活在同一个地球村里，越来越成为你中有我、我中有你的命运共同体。

那么，人类命运共同体究竟是一个什么"体"？概括地说，就是建设一个持久和平、普遍安全、共同繁荣、开放包容、清洁美丽的世界。

持久和平是基石。和平犹如空气和阳光，受益不觉，失之难存。失去和平的环境，构建人类命运共同体只能是镜花水月、海市蜃楼。要和平不要战争，是各国人民朴素而真实的愿望。只有大家相互尊重、平等协商，摒弃冷战思维和强权政治，坚持走对话而不对抗、结伴而不结盟的国与国交往新路，才能和睦相处、共同发展，营造一个和谐、安定、美好的世界家园。

普遍安全是保障。万事安为先，安全是人类的头等大事。当今世界面临着越来越多的传统与非传统安全威胁，呈现出跨国界、跨种族、跨区域的特征。地球上没有世外桃源，威胁面前任何国家都不能独善其身、置身事外。只有秉持共同、综合、合作、可持续的安全观，携手织密安全网，才能使人们远离危险和恐惧。

共同繁荣是核心。世界经济发展的一个重要特征，就是商品及资金、信息和人才等要素在全球范围内大流动，经济全球化的大势不可逆转。大家好才是真的好。在世界经济的汪洋大海中，只有各国风雨同舟、和衷共济，建设开放型世界经济，才能有效应对金融危机的风暴，避开经济衰退的逆流，躲过市场风险的暗礁，搭乘经济全球化这艘巨轮劈波斩浪，让经济增长的成果惠及世界人民。

开放包容是特征。在我们生活的这个星球上，有约80亿人口、200多个国家和地区、2500多个民族、5000多种语言，有基督教、伊斯兰教、佛教等多种宗教，形成了人类文明的多样性。不同文明凝聚着不同民族的智慧和贡献，没有高低之别，更无优劣之分。各美其美，美美与共。只有各种文明在和而不同中兼收并蓄，在交流互鉴中取长补短，才能描绘绚丽多彩的人类文明画卷。

清洁美丽是底色。地球是人类赖以生存的唯一家园，珍爱和呵护地球是人类的不二选择。几百年来，人类工业文明创造了前所未有的物质财富，也造成了难以弥补的生态创伤，环境恶化形势日益严峻，气候变暖、臭氧层被破坏、生物多样性锐减、大气污染等，时刻威胁着人类生存。只有坚持环境友好的理念，构筑尊崇自然、绿色发展的全球生态体系，才能实现人与自然的和谐相处，铺就永续发展的绿色道路。

世界是一个地球村，各国相互依存、休戚与共。中国推动构建新型国际关系，推动构建人类命运共同体。这是新时代中国外交追求的目标，也是世界各国共同努力的方向。美好前景不会自动到来，需要人类齐心协力去为之不懈奋斗。中国将和世界各国紧紧相依、心心相印、风雨同舟、携手同行，共同创造一个更加美好的地球家园。

打赢疫情防控阻击战

2020年初，正当中国人民全力向决战脱贫攻坚、决胜全面建成小康社会目标迈进时，一场新型冠状病毒感染的肺炎突如其来，从武汉迅速向全中国蔓延。

这次疫情，是新中国成立以来发生的传播速度最快、感染范围最广、防控难度最大的一次重大突发公共卫生事件。面对严峻的形势，以习近平同志为核心的党中央以坚定果敢的勇气和决心，采取最严格、最全面、最彻底的防控措施，带领全党全军全国各族人民坚决打响了疫情防控的人民战争、总体战、阻击战。

习近平亲自坐镇，时刻关注着疫情防控工作，每天都作出口头指示和批示。1月7日，他主持召开中央政治局常委会会议时，就对做好疫情防控工作提出了明确要求；1月20日，他专门就疫情防控工作作出指示，要求各级党委和政府及有关部门把人民群众生命安全和身体健康放在第一位，采取切实有效措施，坚决遏制疫情蔓延势头；中国农历大年初一，他主持召开中央政治局常委会会议，对疫情防控工作进行再研究、再部署、再动员……习近平总书记先后主持召开14次中央政治局常委会会议、4次中央政治局会议，专题研究疫情防控工作和复工复产工作。他还到北京市调研指导疫情防控工作，并亲临武汉一线视察指导，参加十三届全国人大三次会议湖北代表团审议。习近平总书记还主持召开中央全面依法治国委员会、中央网络安全和信息化委员会、中央全面深化改革委员会、中央外事工作委员会等会议，从不同角度对做好疫情防控工作提出要求。

在习近平总书记的指挥部署下，中共中央审时度势、综合研判，及时提出坚定信心、同舟共济、科学防治、精准施策的总要求，明确了坚决遏制疫情蔓延势头、坚决打赢疫情防控阻击战的总目标；依法将新型冠状病毒感染的肺炎纳入乙类传染病、采取甲类措施严格管理；把坚持全国一盘棋、统筹各方面力量支持疫情防控作为重要保障，把控制传染源、切断传播途径作为关键着力点，加强对疫情防控工作的统一领导、统一指挥、统一行动，打响了疫情防控的人民战争、总体战、阻击战；立足地区特点和疫情形势因应施策，把武汉和湖北作为全国主战场，对其他省份加强分类指导，严守"四道防线"，步步推进、层层深入，形成了全面动员、全面部署、全面加强疫情防控的战略格局。

在以习近平同志为核心的党中央坚强领导下，全国人民万众一心，汇聚起了战胜疫情的强大力量。各级党组织和广大党员、干部冲锋在前、顽强拼搏，充分发挥了战斗堡垒作用和先锋模范作用。广大医务工作者义无反顾、日夜奋战，展现了救死扶伤、医者仁心的崇高精神。人民解放军指战员闻令而动、敢打硬仗，展现了人民子弟兵忠于党、忠于人民的政治品格。广大人民群众众志成城、守望相助，特别是武汉人民和湖北人民识大体顾大局、自觉配合疫情防控工作，展现了坚忍不拔的顽强斗志。广大公安民警、疾控工作人员、社区工作人员等坚守岗位、日夜值守，广大新闻工作者不畏艰险、深入一线，广大志愿者等真诚奉献、不辞辛劳，为疫情防控作出了重大贡献。卫生健康、发展改革、工信商务、外交外联、交通运输、农业农村、应急管理、财政金融、文化旅游、科技教育、市场监管、社保医保、资源环境、国资林草等部门和纪检监察、组织、宣传、统战、政法等战线各司其职，人大、政协以及各人民团体等主动担责，采取有力措施支持抗击疫情斗争。社会各界和港澳台同胞、海外侨胞纷纷捐款捐物，展现了同舟共济的深厚情怀。

经过艰苦鏖战，中国胜利取得了抗击疫情的重大战略成果，用一个多月的时间初步遏制了疫情蔓延势头，用两个月左右的时间将本土每日新增病例控制在个位数以内，用三个月左右的时间取得了武汉保卫战、湖北保卫战的决定性成果，此后又先后打赢了多次局部性疫情阻击战，统筹推进疫情防控和经济社会发展工作取得积极成效，有力维护了人民生命安全和身体健康，为决战脱贫攻坚、决胜全面建成小康社会提供了条件。

事实再一次有力地证明，中国共产党的领导和中国特色社会主义制度具有强大的生命力和显著的优越性。

决战脱贫攻坚

2021年2月25日,这是中国乃至世界反贫困历史上的一个非常重要的日子。这一天,习近平在北京人民大会堂向世界庄严宣布:中国脱贫攻坚战取得了全面胜利!千年梦想,百年奋斗,圆梦今朝。

这是一个彪炳史册的人间奇迹。改革开放以来,中国累计有7.7亿农村贫困人口摆脱贫困,提前10年实现了《联合国2030年可持续发展议程》规定的减贫目标。中共十八大以来,中国的脱贫攻坚的成绩单更是令世界瞩目:现行标准下9899万农村贫困人口全部脱贫,832个贫困县全部摘帽,12.8万个贫困村全部出列,区域性整体贫困得到解决,完成了消除绝对贫困的艰巨任务。就像习近平所说,"这是中国人民的伟大光荣,是中国共产党的伟大光荣,是中华民族的伟大光荣!"

消除贫困、改善民生,逐步实现共同富裕,是中国共产党伟大的历史使命,也是社会主义的本质要求。中国共产党从成立之时起,就开始了同贫困的斗争。从土地改革到新中国成立,中国共产党历史性扫除了导致中国人民深陷贫困的制度根源。从以"五保"制度和特困群体救济为主的基本社会保障体系,到实施农村经济体制改革推动减贫,中国实现绝对贫困人口的急剧减少。1994年,新中国第一个有明确目标、对象、措施和期限的扶贫开发工作纲领——《国家八七扶贫攻坚计划》出台。进入21世纪,中国实施两个为期十年的农村扶贫开发纲要,两次提高扶贫标准。

但是,减贫是一个历史性难题,也是一个世界性难题。虽然中国前期做了大量努力,但到2012年底,现行扶贫标准下尚有

9899万农村贫困人口，贫困发生率为10.2%，比全球90%以上国家的人口都多。而国际经验表明，当一国贫困人口数占总人口的10%以下时，减贫就进入"最艰难阶段"。而此时距离中国共产党作出的"到2020年实现现行标准下农村贫困人口全部脱贫"的承诺，仅仅剩下八年的时间。

面对着艰巨紧迫的任务，习近平总书记亲自调研，创造性提出了"精准扶贫""精准脱贫"的理念，开创了扶贫开发事业新局面。中共十八大闭幕后不久，他就到河北省阜平县考察扶贫开发工作，向全党全国发出脱贫攻坚的动员令："全面建成小康社会，最艰巨最繁重的任务在农村、特别是在贫困地区。没有农村的小康，特别是没有贫困地区的小康，就没有全面建成小康社会。"2013年11月，他到湖南省湘西十八洞村考察时，第一次提出了精准扶贫的理念。

在习近平总书记身先士卒的影响下，在精准扶贫理念的指导下，中华大地吹响了决战脱贫攻坚的冲锋号。25.5万个驻村工作队、300多万名第一书记和驻村干部，与近200万名乡镇干部和数百万名村干部一道奋斗在扶贫一线。东西部省份扶贫对接，大量机构定点扶贫，民营企业、社会组织、公民个人热情参与……从大兴安岭到秦巴山区，从黄土高坡到云贵高原，从武夷山区到乌蒙山区，从大别山区到吕梁山区，"哪里有贫困，哪里就是主战场"。面对贫中之贫、困中之困，纵然高山阻断、大河阻隔，脱贫攻坚的号角仍然响彻大江南北。

生活方式落后的村子里有了第一座厕所，"穷乡僻壤"建起了产业园，闭塞的山区驶来了高铁……广袤的神州大地上，一个个感人至深的奋斗故事，一次次翻天覆地的生活蝶变，成为"人类历史最伟大事件之一"的生动注脚。

脱贫摘帽不是终点，而是新生活、新奋斗的起点。着眼未来，中国共产党又提出了全面推进乡村振兴的新目标。中国人民正在共同富裕的道路上昂首前进。

决胜全面建成小康社会

"人民对美好生活的向往，就是我们的奋斗目标！"这是习近平代表中国共产党向全中国人民作出的庄严承诺。

当时间来到21世纪的第二个十年，邓小平提出的建成小康社会的目标已经近在眼前。经过30多年的努力奋斗，小康社会的美好愿景已经近在中国人民的眼前。但是，行百里者半九十，小康征程的最后一步必须走好走稳。基于这样的考虑，中共十八大吹响了"全面建成小康社会"的战斗号角。

那么，这个全面建成的小康社会是什么样子呢？"更好的教育、更稳定的工作、更满意的收入、更可靠的社会保障、更高水平的医疗卫生服务、更舒适的居住条件、更优美的环境"，"孩子们能成长得更好、工作得更好、生活得更好"，2012年11月15日，刚刚当选中共中央总书记的习近平，用朴实的语言，道出了人民心中向往的美好生活。这是人民对自身生活的美好憧憬，更是全面小康的群众表达。

在中国共产党的带领下，全中国开启了全面建成小康社会的征程。然而，全面小康怎样建成？难点如何破解？习近平总书记在调研过程中，提出了一系列新思想新论断新要求，准确把握当代中国实际，科学回答了全面建成小康社会面临的诸多重大问题。

全面小康，最关键的核心就在"全面"二字。

集中力量脱贫攻坚，贫困村旧貌换新颜，脱贫奔小康。

这个"全面",体现在覆盖的人群是全面的。它是不分地域的全面小康,是不让一个人掉队的全面小康。从河北阜平到陕西延安再到湖南十八洞村,习近平总书记一再强调,"小康不小康,关键看老乡""一个民族都不能少""不能丢了农村这一头""决不能让一个苏区老区掉队"……这一系列论断,充分体现了把13亿多人全部带入全面小康的坚定决心。

这个"全面",也体现在涉及的领域是全面的。全面小康,是"干部清正、政府清廉、政治清明""找到全社会意愿和要求的最大公约数"的全面小康,是"破除城乡二元结构,建设农民幸福生活的美好家园"的全面小康,是"国家物质力量和精神力量都增强,全国各族人民物质生活和精神生活都改善"的全面小康,是"让人民群众在每一个司法案件中都感受到公平正义"的全面小康,是"望得见山、看得见水、记得住乡愁"的全面小康,是"以改革创新精神开拓国防和军队建设新局面""为实现中国梦提供坚强力量支撑"的全面小康……

在全体中国人民的努力奋斗下,2021年,中国全面建成小康社会的目标终于如期实现。把一个人口比欧盟、美国、日本加起来还多的大国带入全面小康,这是人类历史上从未有过的伟大壮举。

以中国式现代化全面推进中华民族伟大复兴

凡是过往,皆为序章。在全面建成小康社会、成功实现第一个百年奋斗目标之后,中国共产党带领全体中国人民迈上了全面建设社会主义现代化国家的新征程,吹响了向第二个百年奋斗目标进军的冲锋号。

2022年10月16日至22日，作为中国特色社会主义事业坚强领导核心的中国共产党，在北京召开了第二十次全国代表大会，对新时代新征程上以中国式现代化全面推进中华民族伟大复兴作出了全面部署。在会上，习近平向世人庄严宣布：从现在起，中国共产党的中心任务就是团结带领全国各族人民全面建成社会主义现代化强国、实现第二个百年奋斗目标，以中国式现代化全面推进中华民族伟大复兴。

中国人民百年来的民族复兴梦终于迎来了胜利的曙光！这是以习近平同志为核心的党中央带领中国人民，通过十年的艰苦拼搏，取得的巨大成绩。

进入新时代以来，中国共产党对建设社会主义现代化国家在认识上不断深入、战略上不断成熟、实践上不断丰富，成功推进和拓展了中国式现代化。十八大以来的十年间，中国共产党坚持和发展中国特色社会主义，推动物质文明、政治文明、精神文明、社会文明、生态文明协调发展，不断丰富和发展人类文明新形态，迈上全面建设社会主义现代化国家新征程。今天，中国共产党和中国人民正信心百倍推进中华民族从站起来、富起来到强起来的伟大飞跃，实现中华民族伟大复兴进入了不可逆转的历史进程，科学社会主义在二十一世纪的中国焕发出新的蓬勃生机。

中国式现代化，是中国共产党领导的社会主义现代化，既有各国现代化的共同特征，更有基于自己国情的中国特色。

中国式现代化是人口规模巨大的现代化。中国十四亿多人口整体迈进现代化社会，规模超过现有发达国家人口的总和，艰巨性和复杂性前所未有，必须坚持稳中求进、循序渐进、持续推进。

中国式现代化是全体人民共同富裕的现代化。共同富裕是中国特色社会主义的本质要求，中国共产党坚持把实现人民对美好生活的向往作为现代化建设的出发点和落脚点。只有全体人民都过上好日子，中国式现代化才有意义。

中国式现代化是物质文明和精神文明相协调的现代化。物质富足、精神富有是社会主义现代化的根本要求，必须不断促进物的全面丰富和人的全面发展。

中国式现代化是人与自然和谐共生的现代化。人与自然是生命共同体，要坚定不移走生产发展、生活富裕、生态良好的文明发展道路。

中国式现代化是走和平发展道路的现代化。中国不走一些国家通过战争、殖民、掠夺等方式实现现代化的老路，而是在坚定维护世界和平与发展中谋求自身发展，又以自身发展更好维护世界和平与发展。

实践表明，中国式现代化扎根中国大地，切合中国实际，体现了社会主义建设规律，体现了人类社会发展规律，为人类实现现代化提供了新的选择。前进道路上，必须坚定不移以中国式现代化全面推进中华民族伟大复兴。